数字经济背景下
企业IT能力形成
及价值创造研究

RESEARCH ON VALUE CREATION AND
FORMATION OF ENTERPRISE IT CAPABILITIES
UNDER THE BACKGROUND OF
DIGITAL ECONOMY

高沛然 ◎ 著

中国财经出版传媒集团
经济科学出版社
Economic Science Press
·北 京·

图书在版编目（CIP）数据

数字经济背景下企业 IT 能力形成及价值创造研究 /
高沛然著 . -- 北京：经济科学出版社，2025. 5.
ISBN 978 - 7 - 5218 - 6849 - 4

Ⅰ . F426. 4

中国国家版本馆 CIP 数据核字第 2025T1H258 号

责任编辑：胡成洁
责任校对：杨　海
责任印制：范　艳

数字经济背景下企业 IT 能力形成及价值创造研究
SHUZI JINGJI BEIJING XIA QIYE IT NENGLI XINGCHENG
JI JIAZHI CHUANGZAO YANJIU

高沛然　著
经济科学出版社出版、发行　新华书店经销
社址：北京市海淀区阜成路甲 28 号　邮编：100142
经管中心电话：010 - 88191335　发行部电话：010 - 88191522
网址：www. esp. com. cn
电子邮箱：espcxy@ 126. com
天猫网店：经济科学出版社旗舰店
网址：http：// jjkxcbs. tmall. com
北京季蜂印刷有限公司印装
710×1000　16 开　11. 75 印张　200000 字
2025 年 5 月第 1 版　2025 年 5 月第 1 次印刷
ISBN 978 - 7 - 5218 - 6849 - 4　定价：65. 00 元
（图书出现印装问题，本社负责调换。电话：010 - 88191545）
（版权所有　侵权必究　打击盗版　举报热线：010 - 88191661
QQ：2242791300　营销中心电话：010 - 88191537
电子邮箱：dbts@ esp. com. cn）

本书为河南省哲学社会科学规划年度项目"'并联式'现代化视角下河南企业智能制造项目实施能力形成及作用机理研究"(项目编号：2023CJJ182）成果

前言

随着数字经济时代的到来，面对诸如技术创新、并购重组以及顾客需求个性化等复杂多变的市场环境，许多企业越来越依赖于通过对信息技术（information technology，IT）的投入来获取可持续的商业价值。但令人遗憾的是，即使有些企业成功采纳了 IT 项目，IT 项目的失败率也仍然居高不下。基于此，本书的第一个研究主题是深入剖析在 IT 采纳成功之后，企业 IT 实施及 IT 吸收的关键因素及其驱动机制。在数字经济时代，产品研发创新周期的快速缩短、知识的高速离散化及消费者需求的个性化使得企业环境动态性远超管理者想象，企业必须能够迅速地感知与应对市场环境的变化，及时维持与企业环境的动态匹配以获取持久竞争优势。敏捷性正日益成为数字经济时代的企业基因。基于此，该书的第二个研究主题是探究不同类型的 IT 能力对企业敏捷性的影响，进而实现价值创造。作为高阶的 IT 能力，企业数智化能力对于我国企业数智化转型与高质量发展具有重要意义，但如何培育企业数智化能力、核心利益相关者对数智化能力有何认知差异及如何以数智化能力助力产业高质量发展还缺乏认知。基于此，该书的第三个研究主题是识别企业数智化能力，比较核心利益相关者对数智化能力的认知差异，提出以数智化能力助力我国产业高质量发展的对策，以期帮助产业成功实现数智化转型。

为解决第一个研究主题，本书首先以 IT 服务管理标准实施为例，构建企业 IT 实施成功因素体系，识别出关键成功因素，建立多级递阶结构模型，分析这些关键成功因素对 IT 实施成功的作用机制，并基于领导视角探究威权领导对用户抵制 IT 实施的影响，重点分析消极情绪的中介效应及权力距离的调节效应，以追溯用户抵制 IT 实施的根源，保障企业 IT 实施成功。其次，基于资源基础理论与权变理论探究 IT 基础设施资源、IT 人力资源对企业 IT 吸收的影响，重点分析 CEO 支持的调节效应，基于双元理论探究 IT 重置与 IT 集成的组合策略对企业 IT 吸收的影响，以保障企业 IT 吸收成功。为解决第二个研究主题，首先，基于高阶理论探究 CEO 支持对企业敏捷性的影响，重点分析 IT 基础设施资源与 IT 基础设施管理能力的中介效应并对两者的效用进行对比分析，其次，基于能力构建流程理论探究 IT 战略匹配对企业敏捷性的影响，重点分析企业敏捷性在 IT 战略匹配与市场绩效之间关系中所起的中介效应以及 IT 集成所起的调节效应。为解决第三个研究主题，首先，从定性研究视角选取企业数智化能力，通过定量研究对企业数智化能力的重要度进行识别，对数智化能力进行归类与排序，其次，采用文本挖掘技术（词频分析、共词分析与主题词提取）分析了政府、学界、媒体与企业四类核心利益相关者对数智化能力的认知异同，并提出以数智化能力助力传统产业高质量发展的对策建议。

本书采用文献研究、扎根理论、DEMATEL、ISM 与结构方程模型等多种定性研究方法与定量研究方法分析调查数据，并得到以下研究结论。第一，企业 IT 实施成功是 4 个深层因素、10 个中层因素与 4 个表层因素共同作用的结果，且对各层次因素进行有效管理是促进企业 IT 实施成功的有效途径，威权领导正向影响企业 IT 实施过程中的用户抵制，消极情绪与权力距离分别中介与调节上述关系，IT 基础设施资源与 IT 人力资源正向影响企业 IT 吸收，CEO 支持调节上述关系，且 IT 重置与 IT 集成的平衡维度和互补维度均能显著正向影响企业 IT 吸收。第二，CEO 支持正向影响企业敏捷性，IT 基础设施资源与 IT 基础设施管理能力中介上述影响，且 IT 基础设施资源对敏捷性的正向影响显著低于 IT 基础设施管理能力对敏捷性的正向影响，IT 战略匹配通过敏捷性的中介效应对企业市场绩效产生影响，且 IT 集成减弱了 IT 战略匹配对敏捷性的影响，进而减弱了敏捷性在 IT 战略匹配与市场绩效关系中所起的中介效应。第三，数智化能力的三大维度分别是数智化技术能力、数智化人员决策能力与数智化运作能力，三大维度开发生成企业数智化能力逻辑框架。虽然不同核心利益相关者对数智化能力存在着认知差异，但技术创新与服务化却是所有核心利益相关者所关注的焦点。本书以河南省为例，紧密结合传统产业数智化实施的时空特点、需遵循的原则及多元路径，提出产业数字化基础设施建设工程、智慧产业化龙头企业培育提升工程、智慧产业项目建设工程、智慧机械装备领军企业培育工程与智慧产业人才队伍建设工程等五大工程，以数智化能力助力传统产业高质量发展。

上述研究结论具有较强的理论价值与实践意义。

本书各章节分工安排如下：高沛然撰写第 1、第 4、第 5、第 6、第 7、第 8、第 10 章，高沛然与付梦雅撰写第 2 章，高沛然、张亚军与张立达撰写第 3 章，高沛然与闫梦玺撰写第 9 章，全书由高沛然统稿，董颖璞协助统稿。

在写作过程中，本书得到了张金隆教授、龚业明教授、翟运开教授、朱永明教授、王淑英教授、刘建华教授、田晓教授、马辉民教授、张亚军教授、卢新元教授的指导及郑州大学管理学院的支持，特此表示感谢！

因自身能力与时间所限，本书难免存在某些疏漏之处，敬请各位专家学者与广大读者批评指正。

高沛然

2024 年 12 月

目 录

第 1 章

绪　　论

1.1　研究背景

当前，IT 创新日新月异，以数字化、网络化、智能化为特征的信息化浪潮蓬勃发展，为全球产业发展提供了难得的机遇。为此，国家出台了一系列以发挥 IT 赋能优势为核心目标的信息化发展战略规划，如 2022 年 1 月 12 日，国务院印发的《"十四五"数字经济发展规划》指出，应立足新发展阶段，完整、准确、全面贯彻新发展理念，构建新发展格局，以 IT 与实体经济深度融合为主线，加强 IT 基础设施建设，完善 IT 服务管理体系，协同推动产业数字化与数字产业化，赋能传统产业转型升级，培育新产业、新业态、新模式，不断做强做优做大我国数字经济，为构建数字强国提供有力支撑。适应数字经济时代发展，推动企业数智化转型已成为我国经济高质量发展不可逆转的趋势，而 IT 作为提高企业业务运作效率、增强企业业务运作柔性的重要手段，将有效推动企业数智化转型发展。在国家政策的大力推动下，我国企业纷纷加大对 IT 的投资，以推动传统产业转型升级。然而，许多企业管理者却认为其企业从 IT 投资中未获得所期望的商务价值，IT 应用效果总体不尽如人意（Oz E，2005；高沛然等，2019；张金隆等，2020）。关键原因在于作为 IT 采纳的后续阶段，企业 IT 实施与 IT 吸收成功率较低。因此，探究如何提升 IT 实施与 IT 吸收成功率逐渐成为信息系统领域极为关注的焦点。

首先，就企业 IT 实施而言，通常伴随企业文化、薪酬福利、工作内容、权力地位、组织结构等多方面的企业变革，甚至直接触及用户切身利益，导致罢工、拖延、抱怨、蓄意破坏等抵制行为（Wu M S et al.，2011；张亚军等，2015），故识别企业 IT 实施关键成功因素，并分析用户抵制企业 IT 实施的形成机制已迫在眉睫。通过系统地梳理企业 IT 实施相关研究发现，依然存在以下不足之处：第一，企业 IT 实施关键成功因素研究多以案例研究、德尔菲法等定性分析方法为主，定量分析研究较为少见，且仅从技术、流程、关系人等多维度构建企业 IT 实施关键成功因素清单，却明显忽视了技术、流程、关系人等多维度因素之间的复杂关联关系及其作用机制（张亚军，2015）；第二，先前研究着重探究了组织支持、负面期望、认知差异、消极情绪、系统特征、个体特征等对用户抵制企业 IT 实施的影响（Markus M L，1983；Joshi K，1991；Kim H W & Kankanhalli A，2009；Klaus T & Blanton J E，2010；Selander L & Henfridsson O，2012），但还明显忽视了诸如领导风格等重要情境因素的影响。基于此，本书拟解决的第一大研究问题是分析企业 IT 实施关键成功因素的复杂关联关系，探究这些关键成功因素对企业 IT 实施成功的作用机制，并结合中国情境，探究威权领导对用户抵制企业 IT 实施的影响。

其次，就企业 IT 吸收而言，作为 IT 采纳和 IT 实施的后续过程，IT 吸收的结果具有更高的不确定性和动态性。也正是由于 IT 吸收的复杂性，IT 项目的失败率居高不下（Larsen M A & Myers M D，1999），此时 IT 通常在业务流程中的嵌入程度不高，从而难以有效促进 IT 基础设施、IT 人力与其他互补资源或能力产生耦合效应（殷国鹏和杨波，2013），帮助该企业获取可持续的竞争优势。通过系统地梳理企业 IT 吸收相关研究文献，不难发现，不同 IT 资源的耦合机制还是隐晦不明的，主要体现在两个方面。第一，对高层管理支持这一关键关系资源与其他 IT 资源如何交互影响企业 IT 吸收的探讨还不够深入，虽然有研究显示高层管理支持与其他 IT 资源均具有互补关系（Mao H et al.，2016），但是随着数字经济的深入推进，IT 基础设施的构建更完善，IT 员工的能力和素养也更高，此时在许多情境下一些 IT 资源就可以替代高层管理的部分功能，那么究竟高层管理支持与其他 IT 资源是互补关系还是替代关系，还有待进一步实证检验；第二，先前研究较多探讨 IT 重置或 IT 集成单个 IT 基础设施管理能力对企业 IT 吸收的影响（Ravichandran T & Lertwongsatiesn C，2005；Rai A et al.，2006），但 IT 重置和 IT 集成这两类 IT

基础设施管理能力具有类似于探索和利用这两类企业行为之间的关系，其组合策略不同维度对 IT 吸收的影响效用还不明晰（Saraf N et al.，2007）。基于此，本书拟解决的第二大研究问题是探讨高层管理支持是如何调节不同 IT 资源对企业 IT 吸收的影响效用，并评估 IT 重置和 IT 集成组合策略在平衡和互补维度对企业 IT 吸收的影响。

近年来，研究学者们提出了"企业敏捷性"（enterprise agility）这一概念，强调企业应具有快速识别市场环境的各种不确定性、响应市场环境变化的能力（张娜等，2021；胡皓等，2022；张宁等，2022；Hu H et al.，2023）。研究结果表明，除了考虑成本、时间、质量之外，管理者还需要关注敏捷性，才能制定出最有利于企业可持续经营的战略决策（钱雨等，2021）。尤其面对日益动荡的市场环境，如何提升企业敏捷性，对于维持企业竞争优势具有重要意义。随着数字经济的深入推进，企业的业务流程越来越依赖于 IT（王康周等，2021），既包括将价值链上各相关利益主体连接起来的应用系统，如供应商关系管理系统、客户关系管理系统、企业资源计划系统、决策支持系统、知识管理系统等，也包括新兴的信息网络技术，如大数据、云计算、物联网、区块链、社交媒体、人工智能等。IT 能通过企业间的数据交换、信息共享与网络协同运作的实现，进而提升企业柔性，但是 IT 本身所固有的商品化特性又会使得 IT 易于被竞争对手所模仿，过度利用 IT 也会产生超出企业知识吸收能力的海量信息，也可能会阻碍企业敏捷性的提升（毛弘毅，2015）。由此可见，IT 对于企业敏捷性来说是一把"双刃剑"。因此，IT - 企业敏捷性悖论，就成为本书所关注的焦点。基于此，本书拟解决的第三大研究问题是探讨 CEO 支持、IT 基础设施资源、IT 基础设施管理能力、IT 战略匹配对企业敏捷性的影响，试图通过实证研究，深刻解释 IT - 企业敏捷性悖论问题，从而使得企业更有针对性地制定 IT 战略以增强敏捷性。

最后，本书通过对企业数智化能力相关研究文献的梳理，发现已有研究仍然存在以下两个方面的不足。第一，企业数智化能力可以从技术、人才与运作三个维度展开，但目前学术界对于从整合角度探究企业数智化能力的研究还较为缺乏，尤其同时涵盖技术、人才与运作这三大维度的整合角度更是处于"黑箱"状态；第二，先前对数智化能力的研究多聚焦于单一视角，鲜少有从政府、企业、媒体、学术界等多个利益相关者视角对数智化能力进行系统性地全面审视。基于此，本书拟解决的第四大研究问题是识别企业数智化多维能力，构建厘清技术、人才与运作三大维度的企业数智化能力变量关系的分析框架，探讨政府、企业、媒体与学术界等多个核心利益相关者对数智化能力的认知协同，提出以数智化能力助力我国产业高质量发展的对策。

1.2 研究意义

本书主要探究在企业 IT 实施与企业 IT 吸收阶段多种 IT 能力的形成及其价值创造机制，研究结果均具有重要的理论价值与实践意义，理论价值主要体现在以下方面。第一，识别企业 IT 实施成功因素，通过剖析这些成功因素的内在关联关系确定关键成功因素，并分析它们对企业 IT 实施成功的作用机制，填补长期缺乏定量研究探讨企业 IT 实施关键成功因素的空白。第二，基于领导风格视角，在中国情境下关联威权领导与用户抵制企业 IT 实施，弥补以往研究仅关注组织支持、负面期望、认知差异、消极情绪、系统特征、个体特征等影响效用的不足。第三，通过检验高层管理支持与 IT 基础设施资源和 IT 人力资源在 IT 吸收形成过程中的非线性关系以及 IT 重置和 IT 集成组合策略从平衡和互补维度对企业 IT 吸收的影响效应，构建了多种类型 IT 资源与 IT 能力的耦合机制，完善并丰富了企业 IT 吸收相关研究。第四，从更加系统的视角分析 CEO 支持、IT 基础设施资源、IT 基础设施管理能力等影响企业敏捷性的内在机制，在一定程度上填补以往研究仅关注某个或者少数 IT 资源的缺陷。第五，发现 IT 战略匹配与企业敏捷性关系之所以存在争议可能是由 IT 集成程度的不同导致的，为已有 IT 战略匹配——企业敏捷性悖论问题提供了科学的理论解释。第六，从整体系统角度构建了涵盖技术、人才与运作这三大维度的企业数智化能力体系，填补了从整合角度探究企业数智化能力的空白，对企业数智化能力理论作了有益的补充。第七，从核心利益相关者视角分析政府、企业、媒体与学术界对数智化能力的认知异同，在一定程度上弥补了先前研究仅仅关注个别或者少数几个利益相关者的不足。实践意义在于协助企业高管有效提高企业 IT 实施及 IT 吸收成功率，发挥 IT 对企业敏捷性的促进效应，培育企业数智化多维能力，进而实现产业数智化转型与高质量发展。

1.3 研究内容

本书的研究内容可划分为三个方面：第一，企业 IT 实施的影响因素及其对企业敏捷性的作用机制研究；第二，企业 IT 吸收的影响因素及其对企业敏捷性的作用机制研究；第三，企业数智化能力识别与产业高质量发展对策研究。全书共包括 10 章，各章研究内容如下。

第 1 章论述该书的研究背景、研究意义、研究内容和主要创新之处。

第 2 章构建企业 IT 实施成功因素体系，通过 DEMATEL 方法识别关键成功因素，并运用 ISM 方法建立多级递阶结构模型，分析关键成功因素对企业 IT 实施的作用机制。

第 3 章将 IT 实施终端用户及其主管作为调研对象，探讨威权领导对用户抵制 IT 实施的作用机制，重点揭示消极情绪的中介效应及权力距离的调节效应。

第 4 章基于资源基础理论与权变理论，将企业 IT 主管作为调研对象，探讨 IT 资源对企业 IT 吸收的作用机制，重点分析 CEO 支持与其他 IT 资源的非线性关系。

第 5 章基于双元理论，将企业的 IT 主管作为调研对象，探讨 IT 重置与 IT 集成对企业 IT 吸收的作用机制，重点分析 IT 重置和 IT 集成组合策略从平衡和互补两个维度对企业 IT 吸收的影响效应。

第 6 章基于高阶理论，收集企业 IT 主管与业务主管配对数据，建构并验证 CEO 支持对企业敏捷性的作用机制，重点分析 IT 基础设施资源与 IT 基础设施管理能力的中介效应及对比两者对企业敏捷性的影响差异。

第 7 章以能力构建流程理论为基础，收集企业 IT 主管与业务主管配对数据，建构并验证 IT 战略匹配对企业敏捷性与市场绩效的作用机制，重点分析企业敏捷性在 IT 战略匹配与市场绩效关系间的中介效应及 IT 集成的调节效应。

第 8 章采用扎根理论方法从定性研究视角选取企业数智化能力，并采用拓展 DEMATEL 方法从定量研究视角对企业数智化能力的重要度进行识别，开发生成企业数智化能力逻辑框架，对企业数智化能力进行排序与归类，以此提出企业数智化能力培育策略。

第 9 章从利益相关者的视角切入，对政府、企业、媒体以及学术界这四大核心利益相关者关于数智化能力的认知协同进行探讨，重点分析不同核心利益相关者对数智化能力认知上的共识与分歧。

第 10 章以河南省为例，紧密结合传统产业数智化实际，剖析传统产业数智化实施的时空特点、需遵循的原则及多元路径，提出产业数字化基础设施建设工程、智慧产业化龙头企业培育提升工程、智慧产业项目建设工程、智慧机械装备领军企业培育工程与智慧产业人才队伍建设工程等五大工程，以数智化能力助力传统产业高质量发展。

1.4　主要创新之处

本书的主要创新点体现在以下四个方面。第一，从企业 IT 实施成功视角出发，构建中国本土情境下企业 IT 实施的关键成功因素体系，以此为基础分析关键成功因素对于企业 IT 实施的作用机制，同时基于企业 IT 实施风险视角揭示威权领导影响用户抵制企业 IT 实施的中介机制与边界条件。第二，基于资源基础理论、权变理论和双元理论构建并验证了 IT 基础设施资源、IT 人力资源、IT 重置及 IT 集成影响企业 IT 吸收的作用机制分析模型。第三，基于高阶理论和能力构建流程理论探讨 IT - 企业敏捷性关系悖论，揭示了 CEO 支持、IT 基础设施资源、IT 重置与 IT 集成、IT 战略匹配等影响企业敏捷性的内在机制。第四，识别企业数智化能力的内在构造，建构其逻辑框架，并得到企业各类数智化能力的中心度与原因度，剖析核心利益相关者对数智化能力的认知异同，提出以数智化能力助力传统产业高质量发展的对策。

第 2 章

企业 IT 实施关键成功因素识别
及作用机制研究

2.1 引　言

当前，在以数字化、网络化、智能化为特征的新一轮科技革命的推动下，信息技术领域的颠覆式创新不断涌现并向各行业迅速扩散（刘锡禄等，2023）。为更好地适应数字经济的发展，国家出台了一系列以发挥 IT 赋能优势为核心目标的信息化发展战略规划，如中央网络安全和信息化委员会于2021 年 12 月印发的《"十四五"国家信息化规划》强调应加快信息技术与实体经济融合应用，实施"上云用数赋智"行动，全面提升企业研发、生产、管理与服务的智能化水平，培育众创设计、网络众包、个性化定制、服务型制造等新模式，打造新型运营体系。在国家政策的大力推动下，我国企业纷纷加大对 IT 的投资，以推动传统行业转型升级，使 IT 在企业中的角色逐步变化：IT 逐渐被企业看作支撑各项业务活动的服务手段，即 IT 服务（张金隆等，2020）。IT 服务有助于企业高效开展各种业务活动，极大地增强了企业快速应对市场变化的能力，从而提升企业的竞争优势。目前，我国企业仍普遍存在 IT 服务效率低下、IT 服务质量不高、IT 与业务脱节等问题，这些问题通常不是来自技术，而是来自管理（孙强等，2004；刘志亮，2013）。在此背景下，企业 IT 服务管理应运而生。IT 服务管理是一套以客户为中心、以流程为导向的方法论，其通过 IT 与业务整合，提高 IT 服务提供及 IT 服务支持能力，为企业带来巨大的商业价值（张亚军等，2013a）。

然而，我国企业 IT 服务管理实施现状却不容乐观，如上海翰纬信息管理咨询有限公司的调研结果显示仅有 22% 的企业认为其 IT 服务管理实施效果较为理想，实现了预期目标（张亚军等，2013b）。从众多复杂的成功因素中识别关键成功因素及揭示其作用机制就成为解决 IT 服务管理实施成功率不高的重要突破口。

虽然先前研究（Iden J & Langeland L，2010；Tan W G et al.，2009；Huang S J et al.，2013；张亚军等，2016）对企业 IT 实施关键成功因素展开了较为细致的识别，但是还存在一些值得探讨之处。在研究方法方面，先前研究较多采用案例分析、德尔菲法等定性分析方法对企业 IT 实施关键成功因素进行识别，但实证研究却较为匮乏。在研究内容方面，企业 IT 实施关键成功因素主要涉及技术、关系人、流程等维度，而现有从整合系统角度出发的研究较为零散，尚未有研究对企业 IT 实施关键成功因素的内在结构及其作用机制展开进一步探究。鉴于此，本章以 IT 服务管理标准实施为例，通过 DEMATEL-ISM 方法开展企业 IT 实施关键成功因素识别及作用机制分析，提出如下主要研究问题。第一，众多企业 IT 实施成功因素中，哪些是关键成功因素？第二，企业 IT 实施关键成功因素是如何产生作用的，存在的内在影响关系怎样？第三，基于关键成功因素与作用机制的理论分析，如何通过企业 IT 实施实践中的精准施策以推进企业数智化转型与高质量发展？

2.2　企业 IT 实施关键成功因素指标构建

为了解专家对于企业 IT 实施成功因素各指标认可程度及对各指标重要度的判断，从而确定各指标的权重，本章设计了企业 IT 实施成功因素专家调研问卷，邀请了来自高校 IT 服务领域以及 IT 服务管理咨询企业的 20 位专家参与调研，其中，高校相关领域专家学者 15 位，均具有副高级及以上专业技术职务，其余 5 位 IT 服务管理咨询企业人员均从事为用户提供最佳 IT 实施实践方案工作。以上 20 位专家均拥有深厚的理论知识及丰富的 IT 实践经验，对企业 IT 实施有着密切的关注，从而保证了本研究数据来源的科学性和有效性。专家调研问卷由三个部分组成。第一部分主要简述调研目的及注意事项；第二部分主要调查专家的基本信息，包括年龄、性别、学历与工作年限；第三部分为调研问卷主题部分，包括企业 IT 实施成功因素指标体系框架及各指标的重要性判断。调研问卷的发放与收集工作主要在线下进行，计算各指标的平均综合得分得到企业 IT 实施成功因素各项指标的权重，进而构建企业 IT 实施成功因素指标体系，如表 2-1 所示。

表 2-1　　　　　　　　　企业 IT 实施成功因素指标

维度	权重	成功因素指标	权重
技术	0.046	系统定制化（F_1）	0.019
		系统易用性（F_2）	0.012
		系统数据可靠性（F_3）	0.015
人员	0.253	高层管理承诺（F_4）	0.110
		高层管理行为（F_5）	0.025
		IT 员工变革能力（F_6）	0.013
		IT 员工参与积极性（F_7）	0.020
		IT 员工专业素养（F_8）	0.015
		软件供应商服务响应性（F_9）	0.016
		软件供应商服务可持续性（F_{10}）	0.014
		咨询顾问问题解决能力（F_{11}）	0.023
		咨询顾问团队稳定性（F_{12}）	0.017
流程	0.701	配置管理数据库建立（F_{13}）	0.038
		流程功能性分析（F_{14}）	0.052
		流程集成（F_{15}）	0.059
		流程绩效指标制定（F_{16}）	0.063
		流程负责人设置（F_{17}）	0.046
		流程分阶段分步骤实施（F_{18}）	0.072
		流程持续改进（F_{19}）	0.065
		流程存档（F_{20}）	0.078
		服务台建立（F_{21}）	0.073
		问题管理知识库引入（F_{22}）	0.069
		流程改进委员会成立（F_{23}）	0.086

2.3　DEMATEL-ISM 建模分析

2.3.1　DEMATEL 方法分析

1. 直接影响矩阵

在表 2-1 确定的企业 IT 实施成功因素指标权重的基础上，采用 DEMATEL 方法优化各指标初始权重，以降低专家打分的主观性。成功因素间相互独立是各指标权重确定的前提，而企业 IT 实施成功因素涉及技术、人员与流程等多个维度，涉及面较广，较难保证各成功因素间的独立性。DEMATEL 方法不仅考虑了两两成功因素间的影响程度，还考虑到了各成功因素间的影响程度，深刻揭示了各成功因素的全面交互机制，有效提升关键指标选取的准确性及科学性。通过指标权重的比值表示各成功因素间的影响关系，比值保留至小数点后 1 位，构建如表 2-2 所示的直接影响矩阵。

2. 综合影响矩阵

在构建企业 IT 实施成功因素直接影响矩阵的基础上，依据公式（2-1）对直接影响矩阵进行规范化处理得到标准化矩阵 G。

$$G = \frac{1}{\max\limits_{1 \leqslant i \leqslant n} \sum\limits_{j=1}^{n} F_{ij}} \qquad (2-1)$$

为了表示企业 IT 实施各成功因素间的直接与间接影响关系，进一步运用 SPSSAU 软件依据公式（2-2）计算企业 IT 实施成功因素综合影响矩阵 T（如表 2-3 所示），其中 I 表示单位矩阵。

$$\begin{aligned} T &= \lim_{n \to \infty} (G + G^2 + \cdots + G^n) \\ &= G\frac{I - G^{n-1}}{I - G} \\ &= G(I - G)^{-1} \end{aligned} \qquad (2-2)$$

表 2－2　直接影响矩阵

	Φ_1	Φ_2	Φ_3	Φ_4	Φ_5	Φ_6	Φ_7	Φ_8	Φ_9	Φ_{10}	Φ_{11}	Φ_{12}	Φ_{13}	Φ_{14}	Φ_{15}	Φ_{16}	Φ_{17}	Φ_{18}	Φ_{19}	Φ_{20}	Φ_{21}	Φ_{22}	Φ_{23}
Φ_1	0.0	1.6	1.3	0.2	0.8	1.5	1.0	1.3	1.2	1.4	0.8	1.1	0.5	0.4	0.3	0.3	0.4	0.3	0.3	0.2	0.3	0.3	0.2
Φ_2	0.6	0.0	0.8	0.1	0.5	0.9	0.6	0.8	0.8	0.9	0.5	0.7	0.3	0.2	0.2	0.2	0.3	0.2	0.2	0.2	0.2	0.2	0.1
Φ_3	0.8	1.3	0.0	0.1	0.6	1.2	0.8	1.0	0.9	1.1	0.7	0.9	0.4	0.3	0.3	0.2	0.3	0.2	0.2	0.2	0.2	0.2	0.2
Φ_4	5.8	9.2	7.3	0.0	4.4	8.5	5.5	7.3	6.9	7.9	4.8	6.5	2.9	2.1	1.9	1.7	2.4	1.5	1.7	1.4	1.5	1.6	1.3
Φ_5	1.3	2.1	1.7	0.2	0.0	1.9	1.3	1.7	1.6	1.8	1.1	1.5	0.7	0.5	0.4	0.4	0.5	0.3	0.4	0.3	0.3	0.4	0.3
Φ_6	0.7	1.1	0.9	0.1	0.5	0.0	0.7	0.9	0.8	0.9	0.6	0.8	0.3	0.3	0.2	0.2	0.3	0.2	0.2	0.2	0.2	0.2	0.2
Φ_7	1.1	1.7	1.3	0.2	0.8	1.5	0.0	1.3	1.3	1.4	0.9	1.2	0.5	0.4	0.3	0.3	0.4	0.3	0.3	0.3	0.3	0.3	0.2
Φ_8	0.8	1.3	1.0	0.1	0.6	1.2	0.8	0.0	0.9	1.1	0.7	0.9	0.4	0.3	0.3	0.2	0.3	0.2	0.2	0.2	0.2	0.2	0.2
Φ_9	0.7	1.2	0.9	0.1	0.6	1.2	0.8	0.9	0.0	1.1	0.7	0.9	0.4	0.3	0.3	0.3	0.3	0.2	0.2	0.2	0.2	0.2	0.2
Φ_{10}	0.8	1.3	1.0	0.1	0.6	1.1	0.8	1.1	0.9	0.0	0.6	0.8	0.4	0.3	0.2	0.2	0.3	0.2	0.2	0.2	0.2	0.2	0.2
Φ_{11}	0.7	1.1	0.9	0.2	0.9	1.8	1.2	1.5	1.4	1.6	0.0	1.4	0.6	0.4	0.4	0.4	0.5	0.3	0.4	0.3	0.3	0.3	0.3
Φ_{12}	1.2	1.9	1.5	0.2	0.7	1.3	0.9	1.1	1.1	1.2	0.7	0.0	0.6	0.3	0.3	0.3	0.4	0.2	0.3	0.2	0.2	0.2	0.2
Φ_{13}	2.0	3.2	2.5	0.3	1.5	2.9	1.9	2.5	2.4	2.7	1.7	2.2	0.0	0.7	0.6	0.6	0.8	0.5	0.6	0.5	0.5	0.6	0.4
Φ_{14}	2.7	4.3	3.5	0.5	2.1	4.0	2.6	3.5	3.3	3.7	2.3	3.1	1.4	0.0	0.9	0.8	1.1	0.7	0.8	0.7	0.7	0.8	0.6
Φ_{15}	3.3	4.9	3.9	0.5	2.4	4.5	3.0	3.9	3.7	4.2	2.6	3.5	1.1	1.1	0.0	0.9	1.3	0.8	0.9	0.8	0.8	0.9	0.7
Φ_{16}	3.3	5.3	4.2	0.6	2.5	4.8	3.2	4.2	3.9	4.5	2.7	3.7	1.7	1.2	1.1	0.0	1.4	0.9	1.0	0.8	0.8	0.9	0.7
Φ_{17}	2.4	3.8	3.1	0.4	1.8	3.5	2.3	3.1	2.9	3.3	2.0	2.7	1.2	0.9	0.8	0.7	0.0	0.6	0.7	0.6	0.6	0.7	0.5
Φ_{18}	3.8	6.0	4.8	0.7	2.9	5.5	3.6	4.8	4.5	5.1	3.1	4.2	1.9	1.4	1.2	1.1	1.6	0.0	1.1	0.9	1.0	1.0	0.8
Φ_{19}	3.4	5.4	4.3	0.6	2.6	5.0	3.3	4.3	4.1	4.6	2.8	3.8	1.7	1.3	1.1	1.0	1.4	0.9	0.0	0.8	0.9	0.9	0.8
Φ_{20}	4.1	6.5	5.2	0.7	3.1	6.0	3.9	5.2	4.9	5.6	3.4	4.6	2.1	1.5	1.3	1.2	1.7	1.1	1.2	0.0	1.1	1.1	0.9
Φ_{21}	3.8	6.1	4.9	0.7	2.9	5.6	3.7	4.9	4.6	5.2	3.2	4.3	1.9	1.4	1.2	1.2	1.6	1.0	1.1	1.1	0.0	1.1	0.8
Φ_{22}	3.6	5.8	4.6	0.6	2.8	5.3	3.5	4.6	4.3	4.9	3.0	4.1	1.8	1.3	1.2	1.1	1.5	1.0	1.1	0.9	0.9	0.0	0.8
Φ_{23}	4.5	7.2	5.7	0.8	3.4	6.6	4.3	5.7	5.4	6.1	3.7	5.1	2.3	1.7	1.5	1.4	1.9	1.2	1.3	1.1	1.2	1.2	0.0

综合影响矩阵

表 2 - 3

	F_1	F_2	F_3	F_4	F_5	F_6	F_7	F_8	F_9	F_{10}	F_{11}	F_{12}	F_{13}	F_{14}	F_{15}	F_{16}	F_{17}	F_{18}	F_{19}	F_{20}	F_{21}	F_{22}	F_{23}
F_1	0.003	0.022	0.018	0.003	0.011	0.021	0.014	0.018	0.017	0.019	0.011	0.015	0.007	0.005	0.004	0.004	0.006	0.004	0.004	0.003	0.004	0.004	0.003
F_2	0.008	0.003	0.011	0.001	0.007	0.013	0.008	0.011	0.011	0.012	0.007	0.010	0.004	0.003	0.003	0.003	0.004	0.003	0.003	0.003	0.003	0.003	0.002
F_3	0.011	0.018	0.003	0.001	0.008	0.016	0.011	0.014	0.012	0.015	0.009	0.012	0.005	0.004	0.004	0.003	0.004	0.003	0.003	0.003	0.003	0.003	0.003
F_4	0.079	0.126	0.100	0.003	0.060	0.117	0.076	0.100	0.095	0.108	0.066	0.089	0.040	0.029	0.026	0.023	0.033	0.021	0.023	0.019	0.021	0.022	0.018
F_5	0.018	0.029	0.023	0.003	0.003	0.026	0.018	0.023	0.022	0.025	0.015	0.020	0.009	0.007	0.006	0.005	0.007	0.004	0.005	0.003	0.004	0.005	0.004
F_6	0.010	0.015	0.012	0.001	0.007	0.003	0.010	0.012	0.011	0.013	0.008	0.011	0.004	0.004	0.003	0.003	0.004	0.003	0.003	0.003	0.003	0.003	0.003
F_7	0.015	0.023	0.018	0.003	0.011	0.021	0.003	0.018	0.018	0.019	0.012	0.016	0.007	0.005	0.004	0.004	0.006	0.004	0.004	0.004	0.004	0.004	0.003
F_8	0.011	0.018	0.014	0.001	0.008	0.016	0.011	0.003	0.012	0.015	0.099	0.012	0.005	0.004	0.004	0.003	0.004	0.003	0.003	0.003	0.003	0.003	0.003
F_9	0.011	0.018	0.015	0.001	0.008	0.016	0.011	0.015	0.003	0.015	0.010	0.012	0.005	0.004	0.004	0.004	0.004	0.003	0.003	0.003	0.003	0.003	0.003
F_{10}	0.010	0.016	0.012	0.001	0.008	0.015	0.010	0.012	0.012	0.003	0.038	0.011	0.005	0.004	0.003	0.003	0.004	0.003	0.003	0.003	0.003	0.003	0.003
F_{11}	0.016	0.026	0.021	0.003	0.012	0.025	0.016	0.021	0.019	0.022	0.033	0.019	0.008	0.006	0.005	0.005	0.007	0.004	0.005	0.004	0.004	0.004	0.004
F_{12}	0.012	0.019	0.015	0.003	0.010	0.018	0.012	0.015	0.015	0.017	0.010	0.003	0.006	0.004	0.004	0.004	0.005	0.003	0.004	0.003	0.003	0.003	0.003
F_{13}	0.027	0.044	0.034	0.004	0.021	0.040	0.026	0.034	0.033	0.037	0.023	0.030	0.003	0.010	0.008	0.008	0.011	0.007	0.008	0.007	0.007	0.008	0.006
F_{14}	0.037	0.059	0.048	0.007	0.029	0.055	0.036	0.048	0.045	0.051	0.032	0.043	0.019	0.003	0.012	0.011	0.015	0.010	0.011	0.010	0.010	0.011	0.008
F_{15}	0.043	0.067	0.054	0.007	0.033	0.062	0.041	0.054	0.051	0.058	0.036	0.048	0.022	0.015	0.003	0.012	0.018	0.011	0.012	0.011	0.011	0.012	0.010
F_{16}	0.045	0.073	0.058	0.008	0.034	0.066	0.044	0.058	0.054	0.062	0.037	0.051	0.023	0.017	0.015	0.003	0.019	0.012	0.014	0.011	0.012	0.012	0.010
F_{17}	0.033	0.052	0.042	0.005	0.025	0.048	0.032	0.042	0.040	0.045	0.027	0.037	0.016	0.012	0.011	0.010	0.003	0.008	0.010	0.008	0.008	0.009	0.007
F_{18}	0.052	0.082	0.066	0.009	0.040	0.076	0.050	0.066	0.062	0.070	0.043	0.058	0.026	0.019	0.017	0.015	0.022	0.003	0.015	0.012	0.014	0.014	0.011
F_{19}	0.047	0.074	0.059	0.008	0.036	0.069	0.045	0.059	0.056	0.063	0.039	0.052	0.023	0.018	0.015	0.014	0.019	0.012	0.003	0.011	0.012	0.012	0.011
F_{20}	0.056	0.089	0.071	0.010	0.043	0.082	0.054	0.071	0.067	0.077	0.047	0.063	0.029	0.021	0.018	0.017	0.023	0.015	0.016	0.003	0.015	0.015	0.012
F_{21}	0.052	0.084	0.067	0.009	0.040	0.077	0.051	0.067	0.063	0.071	0.044	0.059	0.026	0.019	0.017	0.016	0.022	0.014	0.015	0.013	0.003	0.015	0.011
F_{22}	0.049	0.080	0.063	0.008	0.038	0.073	0.048	0.063	0.059	0.067	0.041	0.056	0.025	0.018	0.016	0.015	0.021	0.014	0.015	0.012	0.013	0.003	0.011
F_{23}	0.062	0.099	0.078	0.011	0.047	0.091	0.059	0.078	0.074	0.084	0.051	0.070	0.031	0.023	0.020	0.019	0.026	0.016	0.018	0.015	0.016	0.017	0.003

3. 原因－结果图

确定企业 IT 实施成功因素综合影响矩阵之后，依据公式（2－3）、公式（2－4）、公式（2－5）与公式（2－6）计算各成功因素的影响度 R_i、被影响度 E_i、中心度 Z_i 与原因度 Y_i（见表 2－4）。其中，影响度表示该成功因素对其他所有成功因素的综合影响；被影响度表示该成功因素受其他所有成功因素的综合影响；中心度表示该成功因素在整个成功因素体系中的重要程度；原因度表示该成功因素对整个成功因素体系成因的贡献程度，即各成功因素之间的逻辑关系程度，若 $Y_i > 0$，则 Y_i 为原因成功因素，若 $Y_i < 0$，则 Y_i 为结果成功因素。

$$R_i = \sum_{i=1}^{n} t_{ij}, \quad (i = 1, 2, \cdots, n) \tag{2-3}$$

$$E_i = \sum_{i=1}^{n} t_{ji}, \quad (i = 1, 2, \cdots, n) \tag{2-4}$$

$$Z_i = R_i + E_i, \quad (i = 1, 2, \cdots, n) \tag{2-5}$$

$$Y_i = R_i - E_i, \quad (i = 1, 2, \cdots, n) \tag{2-6}$$

其中，t_{ij} 表示综合影响矩阵 T 中的第 i 行第 j 列元素。

表 2－4　　　　企业 IT 实施成功因素的中心度和原因度

因素	影响度 R_i	被影响度 E_i	中心度 Z_i	原因度 Y_i
F_1	0.219	0.708	0.927	-0.490
F_2	0.134	1.138	1.272	-1.003
F_3	0.169	0.904	1.072	-0.735
F_4	1.295	0.112	1.407	1.183
F_5	0.287	0.539	0.825	-0.252
F_6	0.148	1.044	1.192	-0.896
F_7	0.227	0.685	0.913	-0.458
F_8	0.169	0.904	1.072	-0.735
F_9	0.174	0.852	1.026	-0.678
F_{10}	0.156	0.968	1.124	-0.813
F_{11}	0.262	0.588	0.850	-0.327
F_{12}	0.190	0.799	0.989	-0.609

因素	影响度 R_i	被影响度 E_i	中心度 Z_i	原因度 Y_i
F_{13}	0.436	0.351	0.787	0.085
F_{14}	0.609	0.255	0.864	0.354
F_{15}	0.690	0.223	0.913	0.467
F_{16}	0.739	0.205	0.944	0.534
F_{17}	0.533	0.287	0.819	0.246
F_{18}	0.841	0.179	1.020	0.662
F_{19}	0.759	0.201	0.959	0.558
F_{20}	0.915	0.167	1.082	0.747
F_{21}	0.856	0.178	1.033	0.678
F_{22}	0.809	0.188	0.998	0.621
F_{23}	1.010	0.149	1.160	0.861

依据表 2-4，在企业 IT 实施成功因素中，原因因素按影响程度大小排序依次为：高层管理承诺（F_4）、流程改进委员会成立（F_{23}）、流程存档（F_{20}）、服务台建立（F_{21}）、流程分阶段分步骤实施（F_{18}）、问题管理知识库引入（F_{22}）、流程持续改进（F_{19}）、流程绩效指标制定（F_{16}）、流程集成（F_{15}）、流程功能性分析（F_{14}）、流程负责人设置（F_{17}）、配置管理数据库建立（F_{13}），这些成功因素对其他成功因素影响较大，应当作为企业 IT 实施成功的重点进行把控。结果因素依据受影响的程度强弱排序依次为：系统易用性（F_2）、IT 员工变革能力（F_6）、软件供应商服务可持续性（F_{10}）、IT 员工专业素养（F_8）、系统数据可靠性（F_3）、软件供应商服务响应性（F_9）、咨询顾问团队稳定性（F_{12}）、系统定制化（F_1）、IT 员工积极参与性（F_7）、咨询顾问问题解决能力（F_{11}）、高层管理行为（F_5），这些成功因素受其他成功因素的影响程度较大，故可以通过调控结果成功因素的成因，保证企业 IT 实施成功。

为直观显示各成功因素的影响，将中心度作为横轴、原因度作为纵轴，绘制企业 IT 实施成功因素的中心度-原因度图（见图 2-1）。

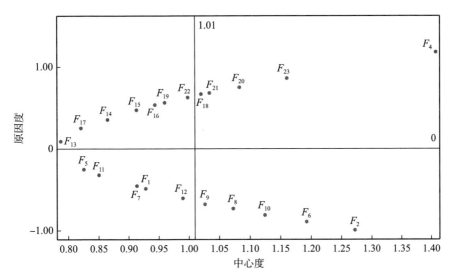

图 2 - 1　企业 IT 实施成功因素的中心度 - 原因度

依据表 2 - 4 与图 2 - 1 的中心度与原因度排序，第一象限的高层管理承诺（F_4）、流程改进委员会成立（F_{23}）、流程存档（F_{20}），服务台建立（F_{21}）、流程分阶段分步骤实施（F_{18}）的中心度与原因度均较高，对企业 IT 实施成功影响最为显著，是企业 IT 实施成功的驱动因子集。

第二象限的问题管理知识库引入（F_{22}）、流程持续改进（F_{19}）、流程绩效指标制定（F_{16}）、流程集成（F_{15}）、流程功能性分析（F_{14}）、流程负责人设置（F_{17}）、配置管理数据库建立（F_{13}）尽管中心度较低，但均是具有较高原因度的原因成功因素，对其他结果成功因素仍有着较强的影响性，是企业 IT 实施成功的辅助因子。

第三象限的高层管理行为（F_5）、咨询顾问问题解决能力（F_{11}）、IT 员工积极参与性（F_7）、系统定制化（F_1）、咨询顾问团队稳定性（F_{12}）原因度排名不理想，中心度排名也在中值后，表明这些成功因素在企业 IT 实施中的重要程度及与其他成功因素的关联程度较低，对企业 IT 实施成功影响甚微，故是独立因子集。

第四象限的软件供应商服务响应性（F_9）、系统数据可靠性（F_3）、IT 员工专业素养（F_8）、软件供应商服务可持续性（F_{10}）、IT 员工变革能力（F_6）、系统易用性（F_2）中心度较高，且均是原因度较大的结果成功因素，表明这些成功因素容易受其他成功因素的影响，是企业 IT 实施成功的关键，故是核心问题因子集。

经上述分析与比较，共识别原因－结果图中第一象限、第二象限、第四象限的 18 个关键成功因素，这些关键成功因素将参与下一步的层次分析，以揭示其对企业 IT 实施成功的作用机制。

2.3.2　ISM 方法分析

1. 关键成功因素间相互关系的判定

确定企业 IT 实施的 18 个关键成功因素后，需对各成功因素间相互关系进行判定。

首先根据专家意见判定各关键成功因素间相互关系。对关键成功因素 i 与关键成功因素 j，如有不低于 80% 的专家认为关键成功因素 i 对关键成功因素 j 存在直接影响，那么认为关键成功因素 i 对关键成功因素 j 存在直接影响，否则认为关键成功因素 i 对关键成功因素 j 没有影响。

最终任意关键成功因素 i 和关键成功因素 j 间的相互影响关系会出现以下四种情况。

V：关键成功因素 i 对关键成功因素 j 有直接影响。

A：关键成功因素 j 对关键成功因素 i 有直接影响。

X：关键成功因素 i 与关键成功因素 j 间相互直接影响。

O：关键成功因素 i 与关键成功因素 j 间无影响关系。

依据专家判定结果可得到企业 IT 实施关键成功因素间的相互关系，如表 2 - 5 所示。

表 2 - 5　　企业 IT 实施关键成功因素间的相互关系

F_i/F_j	23	22	21	20	19	18	17	16	15	14	13	10	9	8	6	4	3	2
2	O	O	O	O	O	O	O	O	O	O	O	O	A	A	O	O	O	V
3	O	V	O	O	O	O	O	O	O	O	O	O	A	O	O	O		
4	V	O	V	O	V	O	V	O	O	O	O	V	V	V	V			
6	O	O	O	O	O	O	O	O	O	O	V	O	O	O	O			

续表

F_i/F_j	23	22	21	20	19	18	17	16	15	14	13	10	9	8	6	4	3	2
8	0	0	0	0	0	0	0	0	0	0	0	0	0					
9	0	0	0	0	0	0	0	0	0	0	0	X						
10	0	0	0	0	0	0	0	0	0	0	0							
13	0	V	0	V	0	0	0	0	0	0	0							
14	0	0	0	V	V	V	X	0	X									
15	0	0	0	V	0	0	0	0										
16	0	0	0	V	0	0												
17	0	0	0	0	0	0												
18	0	0	0	0	0													
19	A	0	0	A														
20	0	V	0															
21	0	V																
22	0																	
23																		

2. 关键成功因素的邻接矩阵和可达矩阵

邻接矩阵是描述关键成功因素间相互关系的矩阵。依据表 2 - 5 可构建出邻接矩阵 A，用来表示各成功因素间的逻辑关系（见表 2 - 6）。

表 2 - 6　　　　　　　企业 IT 实施关键成功因素间的邻接矩阵

	F_2	F_3	F_4	F_6	F_8	F_9	F_{10}	F_{13}	F_{14}	F_{15}	F_{16}	F_{17}	F_{18}	F_{19}	F_{20}	F_{21}	F_{22}	F_{23}
F_2	0	1	0	0	0	0	0	0	0	0	0	0	0	0	0	0	0	0
F_3	0	0	0	0	0	0	0	0	0	0	0	0	0	0	0	0	1	0
F_4	0	0	0	1	1	1	1	0	0	0	0	1	0	1	0	1	0	1
F_6	0	0	0	0	0	0	0	0	1	0	0	0	0	0	0	0	0	0
F_8	0	0	0	0	0	0	0	0	0	0	0	0	0	0	0	0	0	0
F_9	1	1	0	0	0	0	1	0	0	0	0	0	0	0	0	0	0	0
F_{10}	1	0	0	0	0	1	0	0	0	0	0	0	0	0	0	0	0	0
F_{13}	0	0	0	0	0	0	0	0	0	0	0	0	0	0	1	0	1	0

续表

	F_2	F_3	F_4	F_6	F_8	F_9	F_{10}	F_{13}	F_{14}	F_{15}	F_{16}	F_{17}	F_{18}	F_{19}	F_{20}	F_{21}	F_{22}	F_{23}
F_{14}	0	0	0	0	0	0	0	0	0	1	0	1	1	1	1	0	0	0
F_{15}	0	0	0	0	0	0	0	0	1	0	0	0	0	0	0	1	0	0
F_{16}	0	0	0	0	0	0	0	0	0	0	0	0	0	1	0	0	0	0
F_{17}	0	0	0	0	0	0	0	0	1	0	0	0	0	0	0	0	0	0
F_{18}	0	0	0	0	0	0	0	0	0	0	0	0	0	0	0	0	0	0
F_{19}	0	0	0	0	0	0	0	0	0	0	0	0	0	0	0	0	0	0
F_{20}	0	0	0	0	0	0	0	0	0	0	0	0	0	0	0	1	0	1
F_{21}	0	0	0	0	0	0	0	0	0	0	0	0	0	0	0	0	1	0
F_{22}	0	0	0	0	0	0	0	0	0	0	0	0	0	0	0	0	0	0
F_{23}	0	0	0	0	0	0	0	0	0	0	0	0	0	0	1	0	0	0

其中，关键成功因素 F_i 与关键成功因素 F_j 间的影响关系用元素 a_{ij} 表示：

$$a_{ij} = \begin{cases} 1; & (\text{关键成功因素 } F_i \text{ 对关键成功因素 } F_j \text{ 有直接影响}) \\ 0; & (\text{关键成功因素 } F_i \text{ 对关键成功因素 } F_j \text{ 无直接影响}) \end{cases}$$

在得到企业 IT 实施关键成功因素的邻接矩阵后，计算出可达矩阵 R。可达矩阵揭示了某一成功因素到另一成功因素的联系通路。作为层次结构模型的数据解释，其表示所有成功因素间存在的影响关系。邻接矩阵 A 与单位矩阵 I 通过一定的布尔运算可得到企业 IT 实施关键成功因素的可达矩阵 R，如表 2 - 7 所示。

表 2 - 7　　　　　企业 IT 实施关键成功因素间的可达矩阵

	F_2	F_3	F_4	F_6	F_8	F_9	F_{10}	F_{13}	F_{14}	F_{15}	F_{16}	F_{17}	F_{18}	F_{19}	F_{20}	F_{21}	F_{22}	F_{23}
F_2	1	1	0	0	0	0	0	0	0	0	0	0	0	0	0	0	1	0
F_3	0	1	0	0	0	0	0	0	0	0	0	0	0	0	0	0	1	0
F_4	1	1	1	1	1	1	1	0	1	0	1	1	1	1	1	1	1	1
F_6	0	0	0	1	0	0	0	0	1	1	0	1	1	1	1	1	0	0
F_8	0	0	0	0	1	0	0	0	0	0	0	0	0	0	0	0	0	0

续表

	F_2	F_3	F_4	F_6	F_8	F_9	F_{10}	F_{13}	F_{14}	F_{15}	F_{16}	F_{17}	F_{18}	F_{19}	F_{20}	F_{21}	F_{22}	F_{23}
F_9	1	1	0	0	0	1	1	0	0	0	0	0	0	0	0	0	1	0
F_{10}	1	1	0	0	0	1	1	0	0	0	0	0	0	0	0	0	1	0
F_{13}	0	0	0	0	0	0	0	1	0	0	0	0	0	1	1	0	1	0
F_{14}	0	0	0	0	0	0	0	0	1	1	0	1	1	1	1	0	1	0
F_{15}	0	0	0	0	0	0	0	0	1	1	0	1	1	1	1	0	1	0
F_{16}	0	0	0	0	0	0	0	0	0	0	1	0	1	0	0	1	0	0
F_{17}	0	0	0	0	0	0	0	0	1	1	0	1	1	1	1	0	1	0
F_{18}	0	0	0	0	0	0	0	0	0	0	0	0	1	0	0	0	0	0
F_{19}	0	0	0	0	0	0	0	0	0	0	0	0	0	1	0	0	0	0
F_{20}	0	0	0	0	0	0	0	0	0	0	0	0	0	1	1	0	0	0
F_{21}	0	0	0	0	0	0	0	0	0	0	0	0	0	0	0	1	1	0
F_{22}	0	0	0	0	0	0	0	0	0	0	0	0	0	0	0	0	0	0
F_{23}	0	0	0	0	0	0	0	0	0	0	0	0	0	0	1	0	0	1

3. 关键成功因素的层次结构划分及模型构建

层次结构通过层间分解进行划分，依据分解结果顺序进行层级构建。层次间分解是以可达矩阵作为准则将所有关键成功因素划分为若干层次，以构建关键成功因素的层次结构。

经过层次处理可获取可达矩阵 R 的可达集 $R(f_i)$、先行集 $Q(f_i)$ 与共同集 $A(f_i)$，若 $R(f_i) \cap Q(f_i) = R(f_i)$，即 $A(f_i) = R(f_i)$，则抽取 $R(f_i)$ 作为第一层级关键成功因素，之后再将可达矩阵 R 中这些关键成功因素对应的行与列删除，重复上述处理，提取第二层与第三层等，直至全部关键成功因素完成分层。第一层级关键成功因素的层次化处理结果见表 2 – 8。

表 2 – 8　　第一层级企业 IT 实施关键成功因素的层次化处理结果

	可达集 $R(f_i)$	可达集 $Q(f_i)$	共同集 $A(f_i)$
F_2	F_2，F_3，F_{22}	F_2，F_4，F_9，F_{10}	F_2
F_3	F_3，F_{22}	F_2，F_3，F_4，F_9，F_{10}	F_3

续表

	可达集 $R(f_i)$	可达集 $Q(f_i)$	共同集 $A(f_i)$
F_4	F_2, F_3, F_4, F_6, F_8, F_9, F_{10}, F_{14}, F_{15}, F_{17}, F_{18}, F_{19}, F_{20}, F_{21}, F_{22}, F_{23}	F_4	F_4
F_6	F_6, F_{14}, F_{15}, F_{17}, F_{18}, F_{19}, F_{20}, F_{22}	F_4, F_6	F_6
F_8	F_8	F_4, F_8	F_8
F_9	F_2, F_3, F_9, F_{10}, F_{22}	F_4, F_9, F_{10}	F_9, F_{10}
F_{10}	F_2, F_3, F_9, F_{10}, F_{22}	F_4, F_9, F_{10}	F_9, F_{10}
F_{13}	F_{13}, F_{19}, F_{20}, F_{22}	F_{13}	F_{13}
F_{14}	F_{14}, F_{15}, F_{17}, F_{18}, F_{19}, F_{20}, F_{22}	F_4, F_6, F_{14}, F_{15}, F_{17}	F_{14}, F_{15}, F_{17}
F_{15}	F_{14}, F_{15}, F_{17}, F_{18}, F_{19}, F_{20}, F_{22}	F_4, F_6, F_{14}, F_{15}, F_{17}	F_{14}, F_{15}, F_{17}
F_{16}	F_{16}, F_{19}	F_{16}	F_{16}
F_{17}	F_{14}, F_{15}, F_{17}, F_{18}, F_{19}, F_{20}, F_{22}	F_4, F_6, F_{14}, F_{15}, F_{17}	F_{14}, F_{15}, F_{17}
F_{18}	F_{18}	F_4, F_6, F_{14}, F_{15}, F_{17}, F_{18}	F_{18}
F_{19}	F_{19}	F_4, F_6, F_{13}, F_{14}, F_{15}, F_{16}, F_{17}, F_{19}, F_{20}, F_{23}	F_{19}
F_{20}	F_{19}, F_{20}, F_{22}	F_4, F_6, F_{13}, F_{14}, F_{15}, F_{17}, F_{20}	F_{20}
F_{21}	F_{21}, F_{22}	F_4, F_{21}	F_{21}
F_{22}	F_{22}	F_2, F_3, F_4, F_6, F_9, F_{10}, F_{13}, F_{14}, F_{15}, F_{20}, F_{21}, F_{22}	F_{22}
F_{23}	F_{19}, F_{23}	F_4, F_{23}	F_{23}

根据上述划分，最终将企业 IT 实施关键成功因素分为 5 个层级，如表 2-9 所示。

表 2-9　　企业 IT 实施关键成功因素的层次划分结果

层级	关键成功因素
第 1 层（顶层）	F_8, F_{18}, F_{19}, F_{22}
第 2 层	F_3, F_{16}, F_{20}, F_{21}, F_{23}

层级	关键成功因素
第 3 层	F_2，F_{13}，F_{14}，F_{15}，F_{17}
第 4 层	F_6，F_9，F_{10}
第 5 层（底层）	F_4

注：结果优先 – UP 型。

根据表 2 – 9 显示的层次划分结果，第一层级为 F_8、F_{18}、F_{19}、F_{22}；第二层次为 F_3、F_{16}、F_{20}、F_{21}、F_{23}；第三层级为 F_2、F_{13}、F_{14}、F_{15}、F_{17}；第四层级为 F_6、F_9、F_{10}；第五层级为 F_4，企业 IT 实施关键成功因素层次划分如图 2 – 2 所示。

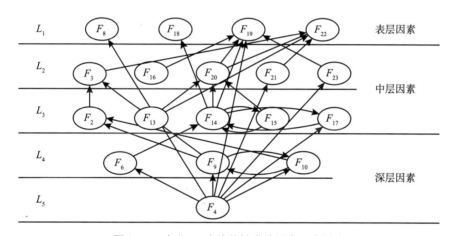

图 2 – 2 企业 IT 实施关键成功因素层次划分

2.4 结论与讨论

本章运用 DEMATEL 方法确定了企业 IT 实施成功因素的因果属性，发现了 18 个关键成功因素，以此为基础，通过 ISM 方法以模型的形式直观呈现了关键成功因素的层次结构。其中，表层因素对企业 IT 实施产生直接影响；而中层因素会影响表面因素，同时还会直接或间接地受到深层因素的影响；深层因素可能是由问题的根本原因驱动的，从而深刻揭示了关键成功因素的作用机制。下面将从表层因素、中层因素与深层因素展开讨论，以期为企业 IT 实施成功以及实现数智化转型提供强有力的决策依据。

2.4.1　表层因素

企业 IT 实施关键成功因素影响最直接的便是表层因素，包括 IT 员工专业素养（F_8）、流程分阶段分步骤实施（F_{18}）、流程持续改进（F_{19}）、问题管理知识库引入（F_{22}）。表层因素是最具有依赖性质的成功因素，一般需要通过下层元素的完善与发展来发挥作用。首先，IT 员工专业素养会影响到企业 IT 实施的效率和效果，关系企业 IT 实施绩效评价。其次，流程分阶段分步骤实施是 IT 类流程实施最为高效的方法，一方面容易取得阶段性胜利，鼓舞相关工作人员继续努力；另一方面前一实施阶段还可为后一实施阶段积累成功经验，进而有助于企业 IT 实施成功。再次，企业 IT 实施处于不断提升的阶段，因而流程持续改进就很有必要。流程持续改进是由多个中层因素共同发挥作用而实现的，比如制定可行的流程绩效指标便是流程持续改进的前提准备，因为流程绩效指标的制定有助于 IT 实施绩效的评估，查询企业 IT 实施过程中存在的缺陷。最后，问题管理知识库引入侧重于总结成功或失败的案例经验，积极为下一阶段的企业 IT 实施作准备。总之，表层因素对于企业 IT 实施成功影响最为直接，同时表层因素又会受到中层、深层因素的影响。

2.4.2　中层因素

中层因素在企业 IT 实施过程中起到承上启下的作用，包括系统易用性（F_2）、系统数据可靠性（F_3）、配置管理数据库建立（F_{13}）、流程功能性分析（F_{14}）、流程集成（F_{15}）、流程绩效指标制定（F_{16}）、流程负责人设置（F_{17}）、流程存档（F_{20}）、服务台建立（F_{21}）、流程改进委员会成立（F_{23}）这 10 个影响因素。中层因素与表层因素关系密切，同时还受到多个深层因素的影响，是促进企业 IT 实施成功的重要因素。系统易用性和系统数据可靠性属于技术层面的成功因素，是企业 IT 实施成功的技术基础，会促使 IT 员工更便捷地操作 IT 系统，在持续使用过程中加深技术理解，从而提高 IT 员工的专业素养，同时其又受到软件供应商服务响应性与服务可持续性的影响。配置管理数据库建立、流程功能性分析、流程集成、流程绩效指标制定、流程负责人设置、流程存档、服务台建立、流程改进委员会成立等属于流程层面的成功因素，是企业 IT 实施成功的流程基础。流程存档是流程持续改进的重要前提，其提供的流程相关实施资料是流程项目管理的关键，其受到同属于中层因素配置管理数据库建立、流程功能性分析与流程集成的影响。流程功能性分析是流程阶段划分的前提，而配置管理数据库建立与流程集成则为流程存档提供了技术支持。同时 IT 流程顺利实施还需要有利益相关者的密切配合，流程负责人设置与流程改进委员会成立有助于流程绩效指标制定，进而保障流程持续改进。此外，服务台建立可为高层管理、IT 员工、咨询顾问、软件供应商等各利益相关者搭建交流的平台，为流程持续改进提供了良好的沟通机制。

2.4.3　深层因素

位于解释结构模型深层次的 F_4、F_6、F_9、F_{10} 是决定企业 IT 实施能否成功最关键的成功因素，这类深层成功因素直接或者间接作用于其他各关键成功因素，并深刻影响着企业 IT 实施能否成功。首先，最重要的深层成功因素是高层管理承诺，其体现在企业高层管理对 IT 重要性的高度认可，从而激发 IT 员工及其他相关人员的工作热情和工作投入，且高层管理往往可以为 IT 项目提供更多的财力、人力、物力等资源，有效推动 IT 顺利实施。其次，IT 员工变革能力也深受高层管理承诺的影响，若 IT 员工具备较强的变革能力，其能接受 IT 应用所引发一系列变革结果，更倾向于推动 IT 项目实施成功。最后，软件供应商服务响应性与服务可持续性是相辅相成、彼此影响的，他们均会受到高层管理承诺的影响。由于深层因素不易发现，因此在企业 IT 实施过程中，需要把握好这些处于深层次的关键成功因素。

本书研究收集到的关键成功因素数量有限，且随着数字经济时代的到来，大数据、物联网、人工智能等新一代信息技术迅猛发展，IT 逐渐呈现出"技术架构混合化、管理模式双态化"的趋势，IT 实施体系、IT 实施理念、IT 实施工具、IT 实施相关人员知识结构等均在不断发生变化，如何提高模型的灵敏度将是未来研究中有待进一步完善的部分。

第 3 章

威权领导驱动的用户抵制
企业 IT 实施模型研究

3.1 引　　言

企业 IT 实施历来受到进度延误、预算超支和变革失败的困扰（Fiedler S, 2010；Kim H W & Kankanhalli A, 2009；Hornstein H A, 2015；Li Y et al., 2011；Liu S & Wang L, 2014；Love P E D et al., 2002；Vrhovec S L R et al., 2015）。随着 IT 实施的推进，企业会遭遇诸如权力地位变化、工作内容重新调整、工资和福利变动等一系列变革，上述变革均会对用户利益产生显著影响，导致用户可能采用各种显性或者隐性行为来抵制 IT 实施所带来的变革，造成不良后果（Kim H W & Kankanhalli A, 2009；Zhang Y et al., 2020）。因此，尽管一些 IT 项目已被采纳，但由于用户经常抵制变革，企业未能实现预期收益（Altuwaijri M M & Khorsheed M S, 2012；Bakker K D et al., 2010；Emam K E & Koru A G, 2008；Legris P & Collerette P, 2006；Liu S, 2015；Liu S, 2016；Liu S & Wang L, 2016；Venkatesh V & Bala H, 2008）。基于此，研究用户抵制企业 IT 实施受到学界与业界的广泛关注（Laumer S et al., 2016；Markus M L, 1983；Kim H W & Kankanhalli A, 2009；Shang S S C, 2012；Kim D H & Lee H, 2016；Kim H W, 2011）。

现有研究主要从三大视角探究用户抵制企业 IT 实施的成因：第一类视角是损失威胁视角，该视角认为损失或威胁是影响用户抵制的重要因素（Shang S S C, 2012；Laumer S et al., 2016；Kim H J et al., 2017）；第二类视角是成本收益视角，该视角认为用户感知到的成本或效益可能会影响其对 IT 实施的抵制（Kim D H & Lee H，2016；Kim H W，2011）；第三类视角是高层管理支持视角（Kim H W & Kankanhalli A，2009；Dong L et al.，2009；Shao Z et al.，2016），该视角认为高层管理支持能极大地降低用户抵制情绪，促进用户的常规 IT 使用与创新 IT 使用。现有研究大多侧重于高层管理承诺、高层管理参与或高层管理信念，仅有少量研究探讨高层管理特定领导风格对用户抵制企业 IT 实施的影响，有学者采用多案例研究方法验证了高层管理不同领导风格在 IT 项目生命周期不同阶段的适用性，从而表明高层管理领导风格可能是用户抵制企业 IT 实施的关键先决条件（Shao Z et al.，2016）。因此，本章拟基于领导风格理论，探究威权领导这一高层管理特定领导风格对用户抵制企业 IT 实施的影响。

首先，威权领导风格是指对下属拥有绝对的权威和控制权，并要求下属不容置疑地服从高层管理指令的行为（Cheng B S et al.，2004）。本章之所以关注威权领导，原因如下：首先，中国传统上倡导个人服从集体、下属服从高层管理的价值观，该文化孕育了家长式领导，家长式领导包括仁慈型领导、道德型领导和威权领导（Pellegrini E K & Scandura T A，2008）。作为家长式领导的重要组成部分，威权领导主要通过贬低下属能力、专权作风、教诲行为与形象整饰这四类形式呈现其领导权威（Cheng B S et al.，2004），威权领导因此也更契合中国传统文化中强调的"尊卑"观念，该领导风格同样在信息系统领域受到广泛关注（Godfrey Ochieng E & Price A D，2009）。因此，本章将重点关注威权领导这种特定高层管理领导风格。

其次，鉴于情感体验是企业 IT 实施的重要组成部分，用户行为不仅是理性信息处理的结果，也是用户情感在企业 IT 实施情境下的真实反映。根据情感事件理论，工作情境会导致用户的情感变化，进而引起行为的变化。具体来说，如果用户认为高层管理威权领导方式不当，很可能会产生消极情绪，这种情绪会转化为某些工作行为，包括口头同意但没有实际行动等（Fiedler S，2010）。由于用户抵制企业 IT 实施等消极行为总是与压力和不安等消极情绪有关（Oreg S，2003），本章推断消极情绪可能在威权领导和用户抵制关系中发挥中介效应。

最后，领导风格权变理论表明，任何领导者行为的有效性都取决于其所处的情境因素，包括下属的个性特征。个人价值取向在影响领导者行为的有效性方面起着至关重要的作用。在高权力距离文化中，高权力距离用户更倾向于接受不平等（Lian H et al.，2012），与高权力距离的用户相比，低权力距离的用户更容易受到威权领导的影响。因此，需要进一步探究权力距离在威权领导与用户抵制企业 IT 实施关系中的调节效应。综上，本章将探讨以下三个主要问题。

（1）威权领导如何影响用户抵制企业 IT 实施？

（2）消极情绪是否会中介威权领导与用户抵制企业 IT 实施之间的关系？

（3）权力距离如何调节威权领导对用户抵制企业 IT 实施的影响？

3.2 理论基础与研究假设

3.2.1 领导风格和用户行为

先前研究表明，领导风格对 IT 接受和 IT 使用有着至关重要的影响，因为领导者对 IT 的认知与行为很可能会改变用户的态度。例如，舍佩尔斯等（Schepers J J et al.，2005）探究了领导风格对 IT 接受的影响，研究结果表明变革型领导会对 IT 的感知有用性产生积极影响，从而提高用户的 IT 使用率；诺伊费尔德等（Neufeld D J et al.，2007）发现魅力型领导可通过提高绩效预期、努力预期和社会影响来增强用户对 IT 的接受度。尽管先前研究普遍认为领导风格对 IT 接受和 IT 使用具有重要影响，但探讨领导风格如何影响用户抵制 IT 实施的研究则相对较少。

3.2.2 情感事件理论

情感事件理论指出工作事件可能会引起员工的情感反应，进而导致其工作态度的变化，如工作满意度和包括离职在内的情感驱动型行为（Ohly S & Schmitt A，2015；Weiss H M & Cropanzano R，1996；Wijewardena N et al.，2017）。因此，情感事件理论（Weiss H M & Cropanzano R，1996）的核心概念是情感体验，且情感体验被认为是连接工作环境与工作态度及行为之间的机制。工作环境中所发生的事件构成"情感生成事件"，这些特定事件决定了情感体验（Weiss H M & Cropanzano R，1996），这些情感体验可导致积极或消极的工作态度和情感驱动型行为，其中消极的态度和行为反映为离职倾向和其他退缩行为。根据上述分析，本章以情感事件理论作为理论基础，探究消极情绪在威权领导与用户抵制企业 IT 实施之间关系中所起的中介效应。

3.2.3　领导风格权变理论

领导风格权变理论提出，不同领导风格在不同情境下具有不同的效用（Hofstede G et al.，2010；Vidal G G et al.，2017）。该理论强调情境因素对领导行为和领导效能的潜在影响。该情境因素包括个人特征，如个性和价值取向。本章关注权力距离有下述两个原因：首先，权力距离是霍夫斯泰德文化维度理论的重要组成部分，研究学者发现权力距离在个体层面存在较大差异，这些差异最初是在国家层面上体现出来的。先前研究还证实个体差异会直接或间接地影响商业价值的获取。其次，以往研究表明权力距离是高层管理领导风格与下属行为间关系的调节因素。因此，本章选取权力距离作为威权领导影响用户抵制企业 IT 实施的边界条件。

3.2.4　威权领导与用户抵制企业 IT 实施

作为企业中常见的一类领导类型，威权领导是家长式领导的重要组成部分。威权领导期望获取高度集权化的权力，并试图与用户保持距离（Cheng B S et al.，2004）。与仁慈型领导和道德型领导类似，威权领导也可被视为一种独立的领导风格（Yan Z & Xie Y H，2017）。威权领导更强调权威，要求用户无条件服从。威权领导的四种典型模式包括贬低下属能力、专权作风、教诲行为与形象整饰。其中，贬低下属能力是指领导者故意忽视下属的建议和贡献；专权作风表现为领导者垄断权力、独自决策、密切监控下属；教诲行为是指领导者对表现不佳的下属进行斥责并直接指导；形象整饰指的是领导者计划通过操纵相关信息来维护权威的行为。

笔者认为，威权领导会影响用户抵制企业 IT 实施，其原因如下。第一，以往研究证实因在高度自治下用户拥有更大的自由度去尝试 IT 创新，因此自主气氛会导致积极的 IT 使用行为。然而，威权领导通过削弱自主气氛要

求用户服从其指令，用户较少有机会参与决策过程或质疑当前业务处理程序
（Pellegrini E K & Scandura T A，2008；Chen X P et al.，2011；Cheng B S et
al.，2004）。威权领导削弱了用户对既得资源和权力的控制感，这种情况反
过来又会导致用户抵制企业 IT 实施。第二，威权领导喜欢通过自上而下的
单向互动方式来控制信息发布。信息不对称性会导致用户对创新 IT 方案产
生误解，极大地增加用户感知不确定性，降低了用户采用创新 IT 方案的意
愿（Ali M et al.，2016）。第三，威权领导很可能将 IT 实施成功归因于其自
身贡献，而将失败归咎于用户能力低下或努力不够。这种情况会导致用户产
生恐惧和愤慨等消极情绪。一旦用户察觉到这些消极情绪，他们就会在 IT
实施过程中抵制变革。因此，本章提出以下假设：

H3 – 1：威权领导正向影响用户抵制。

3.2.5　消极情绪的中介效应

情感事件理论解释了工作环境对员工态度和行为影响的内在机制，该理
论认为，情绪是连接工作环境与用户行为的桥梁。消极情绪被定义为一种厌
恶的主观体验，消极情绪的情感状态通常表现为愤慨、羞辱、厌恶、邪恶和
紧张感（Watson D et al.，1988）。一旦员工感受到上级的贬低下属能力、专
权作风、教诲行为与形象整饰，其消极情绪（如愤慨、羞辱、厌恶、邪恶
和紧张等）就会在企业 IT 实施过程中产生。这些消极情绪通常会缩短个体
即时思维活动次序，从而增加用户抵制的倾向（Mayer D M et al.，2012）。
因此，本章提出以下假设：

**H3 – 2：威权领导通过消极情绪来正向影响用户抵制，即消极情绪在威
权领导与用户抵制关系中起中介效应。**

3.2.6　权力距离的调节效应

个体层面的权力距离可以被定义为个体接受权力不公平的程度。根据领
导风格权变理论，领导风格的有效性总是受到情境因素的影响。因此，权力
距离可能会影响威权领导对用户抵制企业 IT 实施的效用。权力距离高的用
户倾向于接受威权领导风格，并且认为领导是一群处于金字塔顶端的人。因

此，领导在任务分配、晋升和绩效评估方面拥有优先权。用户愿意接受领导的命令，并相应地认为领导的某些行为（如贬低下属能力、专权作风、教诲行为与形象整饰等）是可以接受的。与此相反，低权力距离的用户更接受公平，其认为自身与领导间的差异主要体现在社会分工的不同。他们拒绝具有威权领导风格的领导者的上述行为（Farh J L et al.，2007；Li Y & Sun J M，2015）。与高权力距离的用户相比，低权力距离的用户受威权领导的影响更大。因此，本章提出以下假设。

H3 - 3：权力距离在威权领导与消极情绪关系中起调节效应；

H3 - 4：权力距离越大，消极情绪在威权领导与用户抵制之间关系中所起的中介效应越弱，存在被调节的中介效应。

根据上述论述，威权领导驱动的用户抵制企业 IT 实施模型如图 3 - 1 所示。

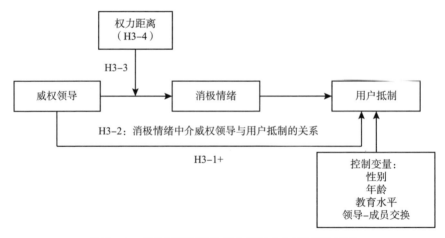

图 3 - 1　威权领导驱动的用户抵制企业 IT 实施模型

3.3　研究方法

3.3.1　研究对象

本书课题组采用随机抽样的方法向中国北京、郑州、武汉、贵阳等地展开实地调研来验证所提的研究假设。因中国在实施 IT 项目方面积累了丰富的经验，且这些问题均契合中国文化背景，因此课题组选择在中国进行问卷调查。课题组从制造业、金融业、医药业、建筑业和电信业等不同行业选取 16 家企业进行数据收集。之所以选取这些企业，是因为它们当时正在实施 IT 项目。为了减少共同方法偏差的影响，课题组收集了用户及其主管的配对数据，其中，主管需要评估企业 IT 实施过程中的用户抵制这一测量项，用户需要评估威权领导、消极情绪、领导 – 成员交换、信息质量、系统质量和权力距离等测量项。

在调研问卷发放之前，课题组与人力资源总监一起确定了一份问卷调查参与者名单，并对匹配样本进行了编码，参与者及其主管并没有参与这一过程。在问卷调查过程中，课题组会通知参与者，该调查数据仅用于学术研究，研究结果将完全保密，以确保其能如实填写问卷。此外，问卷数据具有保密性，因此参与者不知道其他受访者的回答情况。最终，课题组共发放 380 份问卷，收回问卷共 298 份，在删除无效问卷（即不完整的问卷和未认真填写的问卷）之后，课题组获取了 278 份有效问卷。用户数据显示，共有 163 名男性用户（58.6%），年龄在 26 岁至 35 岁之间的多数受访者共 184 人（66.2%），141 名受访者（50.7%）的学历为大专，用户及项目特征如表 3 – 1 所示。

表 3 – 1　　　　　　　　　　　　用户及项目特征

变量		种类	数量（份）	占比（%）
用户特征	性别	男性	163	58.6
		女性	115	41.4
	年龄	≤25 岁	56	20.1
		26～35 岁	184	66.2
		36～45 岁	27	9.7
		>45 岁	11	4.0
	教育水平	高中或以下学历	82	29.5
		大专学历	141	50.7
		学士学位	40	14.4
		研究生或以上学历	15	5.4

续表

变量		种类	数量（份）	占比（%）
项目特征	IT 项目期限	1~6 个月	48	17.3
		7~12 个月	153	55.0
		13~18 个月	24	8.6
		19~24 个月	10	3.6
		>24 个月	43	15.5
	IT 项目费用	≤1000000 元	66	23.7
		1000001~5000000 元	121	43.5
		5000001~10000000 元	38	13.7
		10000001~20000000 元	20	7.2
		>20000000 元	33	11.9
	IT 项目来源	内部	134	48.2
		外包	144	51.8

3.3.2　研究工具

课题组成员先将英文版问卷翻译成中文版，并对其进行了回译验证，且依据中国人的使用习惯对测量项进行了调整。除消极情绪的测量范围从"非常轻微"（1 分）到"极其严重"（5 分）之外，其他测量项均采用 Likert 的 5 分打分制，测量范围从"非常不同意"（1 分）到"非常同意"（5 分）。威权领导依据领导风格先前研究（Zhang A Y et al., 2011）进行改编，共有 5 个测量项，如"领导对大多数事务均有个人控制权"（Cronbach's α：0.87）；消极情绪采用沃森等（Watson D et al., 1988）开发的量表，共有 10 个测量项，包括"心烦意乱"（Cronbach's α：0.95）；权力距离依据樊景立等（Farh J L et al., 2007）编制的量表进行测量，共有 6 个测量项，包括"领导在不征求员工意见的情况下做出大多数决策"（Cronbach's α：0.94）；在测量用户抵制时，本研究采用用户行为先前研究（Kim H W & Kankanhalli A, 2009）开发的量表，共有 4 个项目，包括"他/她会抵制 IT 项目实施所带来的变革"（Cronbach's α：

0.86）。

本研究还包括 9 个控制变量，即性别、年龄、教育水平、IT 项目持续时间、IT 项目成本、IT 项目来源、系统质量、信息质量及领导 - 成员交换。其中，性别采用虚拟变量进行测量，女性设为 0，男性设为 1；年龄采用分类变量进行测量，共分为 4 级，分别是：25 岁及以下、26～35 岁、36～45 岁、46 岁及以上；教育水平同样采用分类变量的方式进行测量，共分为 4 级，分别是：高中及以下、大专、本科和研究生；系统质量采用由以往学者开发的 Likert 的 5 分量表（Wang E T G & Chen J H F，2007），该量表从"非常低"到"非常高"，共有 5 个测量项，其中包括"除少数特殊情况之外，新系统均能顺畅运行"（Cronbach's α：0.90）；信息质量测量采用由以往学者开发的 Likert 的 5 分量表（Lee G & Kuo R，2009），该量表从"非常不同意"到"非常同意"共有 4 个测量项，包括"新系统的信息输出是易于理解的"（Cronbach's α：0.88）。此外，鉴于已有文献通常采用社会交换理论来揭示威权领导影响下属认知、态度和行为的内在机制，为了验证消极情绪是否是新的解释路径，本章还选取了领导 - 成员交换（LMX）作为控制变量，领导 - 成员交换采用的是由以往学者开发的 Likert 的 5 分量表（Graen G B & Uhl-Bien M，1995），该量表从"非常不同意"到"非常同意"，共有 7 个测量项，包括"我非常清楚领导对我的工作表现是否满意"（Cronbach's α：0.92）。

3.4　数据分析与结果

3.4.1　信度和效度检验

本章采用验证性因子分析（CFA）对所有变量所涉及的测量项进行信度和效度检验。验证性因子分析结果如表 3 - 2 所示。其中，七因素模型与数据拟合良好（$\chi^2 = 1113.61$，$df = 758$，$\chi^2/df = 1.47$，CFI = 0.95，TLI = 0.95，RMSEA = 0.04），其他六个模型的拟合度明显较差。

表 3 - 2   验证性因子分析结果

模型	χ^2	df	χ^2/df	$\Delta\chi^2(\Delta df)$	RMSEA	TLI	CFI
七因素模型	1113.61	758	1.47		0.04	0.95	0.95
六因素模型	1566.10	764	2.05	452.49 ***	0.06	0.89	0.90
五因素模型	2131.71	769	2.77	1018.10 ***	0.08	0.81	0.82
四因素模型	2513.71	773	3.25	1400.10 ***	0.09	0.76	0.78
三因素模型	3869.59	776	4.99	2755.98 ***	0.12	0.58	0.60
二因素模型	5135.97	778	6.60	4022.36 ***	0.14	0.41	0.44
一因素模型	6109.29	779	7.84	4995.68 ***	0.16	0.28	0.31

注：*** 表示 $p < 0.001$。
六因素模型：系统质量和信息质量合并为一个因素；五因素模型：系统质量和信息质量合并为一个因素；威权领导和消极情绪合并为一个因素；四因素模型：系统质量和信息质量合并为一个因素；威权领导、消极情绪和用户抵制合并为一个因素；三因素模型：系统质量、信息质量和权力距离合成一个因素；威权领导、消极情绪和用户抵制合成一个因素；双因素模型：系统质量、信息质量、权力距离和领导 - 成员交换合并为一个因素；威权领导、消极情绪和用户抵制合并为一个因素；单因素模型：系统质量、信息质量、权力距离、领导 - 成员交换、威权领导、消极情绪和用户抵制合并为一个因素。

本章主要通过各测量项在相关变量的载荷与交叉载荷、Cronbach's α 系数、因子抽取平均方差值和综合信度系数来检验所涉及变量的信度和效度，检验结果如表 3 -3 和表 3 -4 所示。

表 3 -3   变量的因子载荷与信度效度系数

变量	测量项	因子载荷	Cronbach's α	CR	AVE
威权领导（AL）	AL1	0.76	0.87	0.88	0.59
	AL2	0.72			
	AL3	0.81			
	AL4	0.90			
	AL5	0.63			

续表

变量	测量项	因子载荷	Cronbach's α	CR	AVE
消极情绪 （NE）	NE1	0.81	0.95	0.95	0.65
	NE2	0.78			
	NE3	0.80			
	NE4	0.72			
	NE5	0.84			
	NE6	0.85			
	NE7	0.78			
	NE8	0.81			
	NE9	0.83			
	NE10	0.82			
用户抵制 （UR）	UR1	0.75	0.86	0.86	0.61
	UR2	0.81			
	UR3	0.76			
	UR4	0.79			
权力距离 （PD）	PD1	0.84	0.94	0.94	0.72
	PD2	0.89			
	PD3	0.81			
	PD4	0.79			
	PD5	0.89			
	PD6	0.88			
领导－成员 交换 （LMX）	LMX1	0.79	0.92	0.92	0.63
	LMX2	0.88			
	LMX3	0.74			
	LMX4	0.74			
	LMX5	0.70			
	LMX6	0.87			
	LMX7	0.83			

变量	测量项	因子载荷	Cronbach's α	CR	AVE
系统质量（SQ）	SQ1	0.73	0.90	0.90	0.64
	SQ2	0.86			
	SQ3	0.74			
	SQ4	0.84			
	SQ5	0.82			
信息质量（IQ）	IQ1	0.85	0.88	0.88	0.65
	IQ2	0.76			
	IQ3	0.87			
	IQ4	0.73			

表 3 - 4　　　　变量的相关系数

变量	M	SD	1	2	3	4
1. 威权领导	3.98	0.63	**0.77**			
2. 消极情绪	3.67	0.68	0.41 **	**0.81**		
3. 用户抵制	4.07	0.70	0.30 **	0.41 **	**0.78**	
4. 权力距离	3.68	0.71	- 0.01	0.09	- 0.03	**0.85**

注：黑体字表示各变量 AVE 的平方根，** 表示 p < 0.01。

各测量项所属变量的载荷均大于 0.71，且比其他变量的交叉载荷高 0.1 以上；Cronbach's α 值均大于 0.75，因子抽取平均方差值（AVE）均大于 0.5，综合信度系数（CR）均大于 0.8，且这些变量的相关系数均小于 AVE 的平方根，以上检验结果满足信度和效度的检验标准，说明本章所涉及的变量信度和效度较好。

3.4.2　假设检验

本章按照巴伦和肯尼（Baron R M & Kenny D A, 1986）给出的检验步骤验证了消极情绪是否在威权领导与用户抵制关系中起中介效应。如表 3 - 5

所示，模型 3 - 2 显示威权领导与用户抵制间的路径系数为正向显著（β = 0.33，p < 0.001），因此研究假设 H3 - 1 得到支持。模型 3 - 5 显示威权领导与消极情绪间的路径系数为正向显著（β = 0.44，p < 0.001）。模型 3 - 3 显示消极情绪可正向预测用户抵制（β = 0.35，p < 0.001），且威权领导对用户抵制的影响变弱（β = 0.18，p < 0.01），因此研究假设 H3 - 2 得到支持。为进一步验证这一间接效应的显著性，本书还运用 PRODCLIN 程序对系数乘积进行检验，威权领导通过消极情绪对用户抵制的间接影响是显著的（间接影响为 0.154，99% CI =［0.077，0.251］），因此研究假设 H3 - 2 得到了进一步的支持。此外，模型 3 - 6 显示威权领导与权力距离的交互性对消极情绪的影响显著（β = - 0.22，p < 0.01），因此研究假设 H3 - 3 得到支持。

表 3 - 5　　　　　　　　　　　　层次回归分析结果

变量	用户阻力			消极情绪		
	模型 3 - 1	模型 3 - 2	模型 3 - 3	模型 3 - 4	模型 3 - 5	模型 3 - 6
性别	- 0.02	- 0.01	- 0.03	0.02	0.03	0.04
年龄	- 0.04	- 0.04	- 0.03	- 0.05	- 0.04	- 0.05
教育水平	0.07	0.07	0.07	- 0.02	- 0.03	- 0.02
项目持续时间	- 0.03	- 0.04	- 0.04	- 0.004	- 0.02	- 0.01
项目成本	- 0.01	- 0.01	- 0.02	0.02	0.01	0.01
项目来源	0.06	0.03	0.03	0.03	- 0.001	- 0.01
系统质量	- 0.06	- 0.03	- 0.02	- 0.06	- 0.03	- 0.05
信息质量	- 0.08	- 0.08	- 0.07	- 0.03	- 0.04	- 0.04
领导 - 成员交换			- 0.04			
威权领导（AL）		0.33 ***	0.18 **		0.44 ***	0.44 ***
消极情绪			0.35 ***			
权力距离（PD）						0.09
AL × PD						- 0.22 **
R^2	0.026	0.112	0.211	0.012	0.172	0.207
ΔR^2		0.086	0.098		0.16	0.035
ΔF		25.95 ***	16.54 ***		51.938 ***	5.864 **

注：系数均为非标准化系数，** 表示 p < 0.01，*** 表示 p < 0.001。

本章借鉴爱德华和兰伯特（Edwards J R & Lambert L S，2007）的研究给出检验步骤，检验了权力距离是否调节威权领导通过消极情绪对用户抵制的间接影响。如表 3 - 6 所示，低权力距离（间接效应为 0.27，99% CI = [0.099，0.481]）和高权力距离（间接效应为 0.06，95% CI = [0.007，0.179]）的间接效应均显著。然而，这些间接效应的差异也是显著的（差异为 - 0.21，95% CI = [- 0.378， - 0.050]），因此研究假设 H3 - 4 得到支持。

表 3 - 6　　　　　　　　　研究假设的检验结果

权力距离	P_{MX}	P_{YM}	直接影响（P_{YX}）	间接影响（$P_{MX}P_{YM}$）	总影响（$P_{YX}+P_{MX}P_{YM}$）
高	0.28 *	0.21 *	0.16	0.06 *	0.22
低	0.59 **	0.45 **	0.17	0.27 **	0.44 **
差异	- 0.31 *	- 0.25	- 0.01	- 0.21 *	- 0.22

注：P_{MX} 指威权领导对消极情绪的影响路径，P_{YM} 指消极情绪对用户抵制的影响路径，* 表示 $P < 0.05$，** 表示 $P < 0.01$。

本章所有研究假设的检验结果如表 3 - 7 所示。

表 3 - 7　　　　　　　　　研究假设的检验结果

研究假设	路径	检验结果
H1	威权领导正向影响用户抵制	支持
H2	威权领导通过消极情绪来正向影响用户抵制的，即消极情绪在威权领导与用户抵制关系中起中介效应	支持
H3	权力距离在威权领导与消极情绪关系中起调节效应	支持
H4	权力距离越高，消极情绪在威权领导与用户抵制之间关系中所起的中介效应越弱，存在被调节的中介效应	支持

3.5　结果分析与讨论

3.5.1　理论意义

第一，本章旨在从高层管理领导风格的视角出发，构建威权领导驱动的用户抵制企业 IT 实施模型。先前研究主要强调个体特征、系统特征、消极情绪、负面期望、认知差异、系统支持及技术或社会变化对用户抵制的影响（Ali M et al.，2016；Campbell R H & Grimshaw M，2016；Choudrie J & Zamani E D，2016；Dam K V et al.，2008；Klaus T et al.，2015；Laumer S et al.，2016）。然而，较少有研究考虑高层管理领导风格对用户抵制企业 IT 实施的影响。因此，本研究紧跟当前人力资源管理领域研究的新趋势，强调消极领导的影响，引入威权领导，研究其对用户抵制企业 IT 实施的积极影响。此外，本研究还解决了现存的争议，即威权领导既有负面影响，也有正面影响（Yan Z & Xie Y H，2017），并实证验证了威权领导会产生负面效应，增加用户对变革的抵触情绪。

第二，本章发现了威权领导对用户抵制企业 IT 实施产生影响的内在机制。同类研究主要采用认知机制（如感知有用性等）来研究威权领导对用户行为的影响，因此忽视了威权领导通过情感机制（如消极情绪等）影响用户抵制企业 IT 实施的内在机制。然而，阿什福思和汉弗莱（Ashforth B E & Humphrey R H，1995）指出，个人情绪在影响行为方面发挥着重要作用。特别值得注意的是，个人更容易受到消极情绪的影响，且这些消极情绪的影响会大于积极情绪。研究消极情绪的中介作用打开了威权领导如何影响用户抵制企业 IT 实施的"黑箱"，为解释威权领导如何影响用户抵制企业 IT 实施提供了新的理论视角。

第三，本章还发现了权力距离是威权领导影响用户抵制企业 IT 实施过程中的关键调节变量。与所提假设一致，本章研究揭示了权力距离在威权领导直接影响消极情绪及威权领导通过消极情绪间接影响用户抵制企业 IT 实施过程中所起的负向调节效应。这一发现不仅丰富了关于威权领导与用户抵制企业 IT 实施关系研究中的情境特征，而且拓展了领导风格权变理论。

3.5.2 实践意义

第一，选择合适的高层管理者对企业成功实施 IT 项目至关重要，因为威权领导会对用户抵制企业 IT 实施产生积极影响。在实施 IT 项目的过程中，不应该提拔具有威权领导风格的人担任主管。此外，如果主管已经表现出威权领导行为，则应采取培训等纠正措施。企业内部应从规章制度、企业文化等多维度制定有效的干预机制，如建立以人为本的企业文化，建立有效的评估、考核、监督和干预机制，避免威权领导的负面行为。主管应充分认识到威权领导的局限性及其负面影响，尝试改变专横的领导风格，尤其是贬低下属能力的行为。此外，还应杜绝轻视用户贡献的行为。

第二，高层管理应关注用户在企业 IT 实施过程中所展现出的情绪。具体而言，应重视用户的情绪反应，积极开展促进情绪调整的计划，如建立员工援助计划、消除情绪干扰、改善工作态度等。高层管理还可以提供情感帮助与情感支持，消除用户的消极情绪，从而减少用户抵制企业 IT 实施的行为，避免 IT 项目失败。

第三，高层管理在企业 IT 实施过程中应注意辨识用户的不同权力距离。这种认知至关重要，因为低权力距离的用户总是拒绝威权领导。因此，高层管理应考虑用户之间的特征差异，并采取合适的策略来迎合具有不同特征的用户。尤其重要的是，高层管理应向低权力距离的用户投入更多精力，努力营造公平的工作环境，避免攻击性行为。

3.5.3　研究局限及未来研究方向

本章研究仍然存在以下局限性。（1）研究采用横截面数据来验证所提研究假设，然而，这些数据并不能检验威权领导、消极情绪与用户抵制企业 IT 实施之间的因果关系，应进一步设计纵向追踪研究来检验上述变量的因果关系。（2）研究使用中国 16 家企业的数据对假设进行实证验证，但所得研究结论是否具有普适性还有待扩充样本量来进行验证。（3）研究使用沃森等（Watson D et al.，1988）开发的测量量表来测量消极情绪，然而，消极情绪有多种测量方法，未来研究可以考虑其他学者开发的测量量表（如 Shepherd D A & Wolfe M，2011）。（4）关于威权领导对用户抵制企业 IT 实施的影响路径是多元的，因此，未来研究还可采用其他理论（如资源保存理论）来探讨威权领导对用户抵制企业 IT 实施的影响机制。

第4章

IT 资源驱动的企业 IT 吸收模型研究

4.1 引　　言

　　IT 吸收相关理论强调 IT 战略与业务战略的融合机制以及使用 IT 来支持业务战略、目标与活动的调整（周京梅，2018）。通过 IT 服务在业务流程中的深入内嵌，IT 吸收能有效帮助企业实现 IT 商业价值（Larsen M A & Myers M D，1999；Mu E et al.，2015）。然而，许多企业的高层管理者却认为他们所在的企业没有从 IT 投资中获取应有的商业价值，形成这一认知的原因可能是 IT 战略与业务战略的融合程度不高（Liang H et al.，2007；Gao P et al.，2019）。基于此，本章重点探究如何利用 IT 资源促进 IT 吸收以提升企业的竞争优势。

　　相关研究在探讨如何利用 IT 资源促进企业 IT 吸收成功时，主要存在三种观点。第一种观点认为通过对 IT 基础设施资源与 IT 人力资源的有效管理，可促进企业 IT 吸收成功（Ross J W et al.，1996；Bharadwaj A S，2000；Ravichandran T & Lertwongsatiesn C，2005；Bhatt G D & Grover V，2005；Zhou J et al.，2018；Tai J C F et al.，2019）。第二种观点认为高层管理支持能显著提升企业 IT 吸收水平（Kearns G S & Sabherwal R，2006；Liang H et al.，2007；Rai A et al.，2009；Shao Z et al.，2017；Shao Z，2019；Roberts N et al.，2023）。第三种观点认为高层管理支持与 IT 基础设施资源和 IT 人力资源交互对企业 IT 吸收产生影

响（Armstrong C P & Sambamurthy V，1999；Wade M & Hulland J，2004）。上述三大观点试图从不同的角度探索如何促进企业 IT 吸收成功，但还存在一些值得探讨之处：第一，虽然以往研究对 IT 基础设施资源与 IT 人力资源是否能促进企业 IT 吸收是存在争议的（Ravichandran T & Lertwongsatiesn C，2005）。尤其是随着大数据、物联网与人工智能等技术的迅猛发展，企业的 IT 基础设施资源逐步具有了智能化的特征（Lobaziewicz M，2018）。基于此，IT 基础设施资源与 IT 人力资源如何影响企业 IT 吸收还需要进一步实证验证。第二，韦德和霍兰德（Wade M & Hulland J，2004）提出高层管理支持能影响 IT 基础设施资源与 IT 人力资源的效用，然而鲜有文献对这一观点进行实证检验。虽然有学者实证验证高层管理支持能正向调节 IT 基础设施资源与 IT 人力资源的效用，显示高层管理支持与 IT 基础设施资源和 IT 人力资源具有互补关系（Mao H et al.，2016），但是对于实施智能化信息系统的企业来说，高层管理支持与 IT 基础设施资源可能具有替代关系，而与 IT 人力资源可能具有互补关系。例如，为了增强竞争力，酷特智能股份有限公司通过构建酷特智能化平台来重构其业务流程，除了高层管理者对 IT 实践的指导之外，酷特智能化平台嵌入的决策规则也使得企业 IT 吸收得以提升（Hu H et al.，2016；Ying W et al.，2018）。在此情境下，虽然 IT 人力资源可能还是与高层管理支持具有互补关系，但是 IT 基础设施资源（如智能化平台）可能会替代高层管理支持的某些功能。基于此，高层管理支持与 IT 基础设施和 IT 人力资源如何交互影响企业 IT 吸收还需展开进一步的检验。

CEO 通常被认为是企业的代理人，具有指导和评估 IT 实践的责任。CEO 支持是指企业 CEO 支持 IT 实践以及企业 CEO 与 IT 部门关系的紧密程度（Earl M J & Feeny D F，2000；Law C C H & Ngai E W T，2007；Stemberger M I et al.，2011）。认为 IT 在企业绩效提升过程中扮演重要角色的 CEO 通常会考虑五个方面来支持 IT 实践，分别是与 CIO 保持联系、创造合适情境、设置优先权、高质量的时间花费和持续改进（Earl M J & Feeny D F，1994）。正是由于 CEO 支持具有指导 IT 部门实现业务目标的功能，因此本章主要关注 CEO 支持，并试图回答以下两个研究问题：（1）IT 基础设施资源与 IT 人力资源是如何影响企业 IT 吸收的？（2）CEO 支持是如何与 IT 基础设施和 IT 人力资源交互影响企业 IT 吸收的？

4.2　理论基础与研究假设

4.2.1　IT 资源

资源基础理论认为，企业的竞争优势来源于那些包括资产、能力、知识和业务流程在内的资源（Barney J，1991）。资源必须同时满足四大特性：宝贵、稀有、难以模仿和难以替代（Wernerfelt B，1984）。近年来，资源基础理论在信息系统领域的研究中被广泛应用，并取得了较好的应用效果（Chen J，2012）。沿用资源基础理论观点，梅尔维尔等（Melville N et al.，2004）认为 IT 的商品化特性使得 IT 资源较容易被竞争对手所模仿，而一旦企业根据其战略需要，将 IT 资源与其他企业资源相结合，那么这些 IT 资源就会通过能力构建转化为具有竞争性的 IT 能力，给企业带来极大的商业价值。本章进一步将企业 IT 资源分为三类：IT 基础设施资源、IT 人力资源与 CEO 支持，并探究这三类 IT 资源对企业 IT 吸收的影响。

权变理论认为没有一种适合于所有企业的最优战略，企业需匹配其资源与结构来获得竞争优势（Flynn B B et al.，2010；吴航和陈劲，2019；王金凤等，2019）。韦德和霍兰德（Wade M & Hulland J，2004）认为 IT 基础设施资源与 IT 人力资源的效用受到高层管理支持的调节，但是这一观点并没有被实证验证过。因此，本章同时探究 CEO 支持这一高层管理支持如何与 IT 基础设施资源和 IT 人力资源交互影响 IT 吸收。

4.2.2　IT 吸收

本章的因变量是 IT 业务跨越能力，该能力是指企业利用 IT 资源支持与实现业务目标的能力（Lu Y & Ramamurthy K，2011；高沛然等，2019）。这一能力强调了 IT 战略与业务战略的融合程度，因此很适合作为衡量企业 IT 吸收成功的结果变量。

4.2.3　IT 基础设施资源与 IT 业务跨越能力

IT 基础设施资源为企业 IT 吸收成功提供了良好的技术基础（Mao H et al.，2015）。IT 基础设施资源可以使企业比其他竞争企业拥有更好的支持业务流程机会（Bowman E H & Hurry D，1993）。拥有良好 IT 基础设施资源的企业更可能提供高质量的产品和服务。另外，良好的 IT 架构能够增强企业敏捷性，从而使企业能快速应对业务需求的变化。IT 基础设施资源为企业营造了良好的 IT 服务气氛，此服务气氛也使得其业务经理在制定业务战略与业务规划时，更倾向于求助 IT 应用程序，而且 IT 基础设施资源还可以提升企业的技术知识和 IT 创新使用方案，以支持业务流程运作（Damanpour F，1991）。因此，本章提出以下假设：

H4 – 1：IT 基础设施资源正向影响 IT 业务跨越能力。

4.2.4　IT 人力资源与 IT 业务跨越能力

IT 人力资源为企业 IT 吸收成功提供了良好的知识基础。当企业的 IT 人力资源较好时，IT 员工不仅拥有全面的技术知识，还拥有丰富的 IT 管理技巧，这些 IT 管理技巧通常包括业务技巧和企业特定知识。克拉克等（Clark C E et al.，1997）认为 IT 员工的技术知识和 IT 管理技巧会帮助企业 IT 系统高效服务于业务流程运作。有学者认为 IT 部门的业务知识可以提供企业集成业务战略和 IT 战略的能力（Armstrong C P & Sambamurthy V，1999）。IT 部门的业务知识已经被证实，能积极地影响 IT 部门和业务部门关于 IT 实践的一致性理解，促进 IT 战略和业务战略的整合（Preston D S & Karahanna E，2009）。因此，本章提出以下假设：

H4 – 2：IT 人力资源正向影响 IT 业务跨越能力。

4.2.5　CEO 支持的调节作用

沿用社会技术系统理论（Mitev N N，1996；Yu X et al.，2023），IT 基础设施资源可以被看作 IT 技术子系统，而 IT 人力资源则可以被看作 IT 社会子系统。由于 IT 基础设施资源与 IT 人力资源存在着本质差异，CEO 支持与这两种 IT 资源的交互机制可能会有所不同。

随着信息化历程的推进，智能化的 IT 平台已经成为企业所依赖的关键 IT 基础设施资源。在此智能化情境下，CEO 支持可能会对企业 IT 吸收的影响降低，这是由于 IT 员工可能会寻求这些智能化的 IT 平台来提升企业 IT 吸收成功的概率（Durcikova A et al.，2011）。例如，当 IT 基础设施资源很充裕时，IT 员工除了寻求企业 CEO 来指导 IT 实践之外，还会寻求知识管理系统与决策支持系统等指导 IT 实践，IT 员工对企业 CEO 的依赖程度降低。此外，IT 基础设施资源中嵌入的 IT 知识与 IT 管理技巧也会使得 IT 业务融合程度提升（Gregory R W et al.，2015）。因此，本章提出以下假设：

H4 - 3：CEO 支持与 IT 基础设施资源在影响企业 IT 吸收的过程中具有替代关系。

汉布瑞克和梅森（Hambrick D C & Mason P A，1984）认为高层管理者不同的认知基础会导致不同的业务战略选择。沿用此观点，有学者认为企业 CEO 对于 IT 商业价值的积极信念会使得其制定有利于 IT 吸收成功的管理决策（Liang H et al.，2007）。此外，艾森伯格等（Eisenberger R et al.，1986）研究结果显示 CEO 支持会使得 IT 员工形成较强的组织支持感，进而使得 IT 员工有强烈的使命感去使用这些 IT 资源来实现业务目标。这种组织支持感所导致的尊敬和关心满足了 IT 员工的心理需要，增加了他们对企业的情感性承诺，这对发挥 IT 人力资源的效用极为重要。通过与企业 CEO 的密切联系，CIO 也可以制定出合适的 IT 战略规划来支持业务目标的实现。因此，本章提出以下假设：

H4 - 4：CEO 支持与 IT 人力资源在影响企业 IT 吸收的过程中具有互补关系。

综上所述，IT 资源驱动的企业 IT 吸收模型如图 4 - 1 所示。

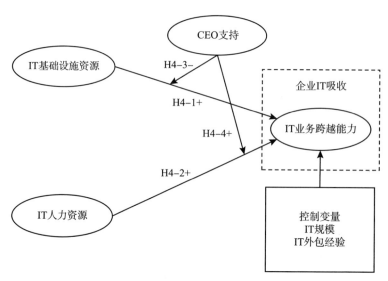

图 4 - 1　IT 资源驱动的企业 IT 吸收模型

4.3　研　究　方　法

4.3.1　研究对象

本章选取 220 家企业作为研究对象。这些样本具备两个共同的特征：一是多属于非劳动密集型行业，IT 支持其业务流程的情形在这些企业中较为常见；二是多集中于大中型规模的企业，这些企业通常会对 IT、运作和战略活动给予高度重视，并进行持续的 IT 投入。在发放纸质问卷的过程中，课题组先与这些企业的 IT 主管取得联系，确认其是否愿意参与问卷调查。IT 主管需要评估 CEO 支持、IT 基础设施资源、IT 人力资源和 IT 业务跨越能力，随后陆续收回有效问卷样本 112 份，问卷回收有效率为 50.91%。这些样本的描述性统计特征为：汽车行业 11 个，占 9.82%，银行和金融服务业 8 个，占 7.14%，制药业 9 个，占 8.04%，消费品行业 12 个，占 10.71%，电子行业 7 个，占 6.25%，信息技术行业 10 个，占 8.93%，制造业 12 个，占 10.71%，零售业 11 个，占 9.82%，通信业 8 个，占 7.14%，物流运输业 6 个，占 5.36%，能源业 5 个，占 4.46%，其他行业 13 个，占

11.61%；成立 20 年以下的企业为 19 个，占 16.96%，成立 21 ~ 40 年的企业为 37 个，占 33.04%，41 ~ 60 年的企业为 13 个，占 11.61%，61 ~ 100 年的企业为 21 个，占 18.75%，成立 100 年以上的企业为 22 个，占 19.64%；员工数在 1 万人以下的企业为 20 个，占 17.86%，1 万至 5 万人的企业为 46 个，占 41.07%，5 万至 10 万人的企业为 20 个，占 17.86%，10 万人以上的企业为 26 个，占 23.21%。

4.3.2　研究工具

本章问卷的所有变量均参照信息系统与运作管理领域相关的文献，使用基于 7 分制的 Likert 量表打分。本章对位于中国和法国的 22 家企业进行了预调查，并根据信息系统领域、运作管理领域专家提出的建议，修正了本章使用的调研问卷，以保证该问卷的可靠性。修正后的研究变量测度项见表 4 - 1。

表 4 - 1　　　　　　　　　　　研究变量的测度项

变量	测度项	测量题目	参考文献
CEO 支持（CS）	CS1	CEO 求助于 IT 来运作业务	Earl M J & Feeny D F, 2000；Law C C H & Ngai E W T, 2007；Stemberger M I et al., 2011
	CS2	CEO 非常支持 IT 项目	
	CS3	CEO 与 CIO/IT 经理的工作关系很紧密	
IT 基础设施资源（ITIR）	ITIR1	在企业中，数据管理服务和 IT 架构很充足	Lu Y & Ramamurthy K, 2011；Ross J W et al., 1996；毛弘毅和张金隆，2014
	ITIR2	在企业中，计算机网络访问状况良好	
	ITIR3	IT 应用程序的服务质量能满足企业的业务需求	
	ITIR4	IT 管理服务能有效协调基础架构和有效管理与业务部门的关系	
IT 人力资源（ITHR）	ITHR1	IT 员工很了解业务战略	Ross J W et al., 1996；毛弘毅和张金隆，2014
	ITHR2	企业的 IT 员工能快速开发解决业务问题的 IT 方案	
	ITHR3	在企业中，IT 员工能接受到技术和业务上的培训	
	ITHR4	企业的 IT 员工拥有足够的 IT 技术基础	

续表

变量	测度项	测量题目	参考文献
IT 业务跨越能力（IBSC）	IBSC1	企业很清楚理解 IT 如何促进组织形成竞争优势这一过程	Lu Y & Ramamurthy K，2011
	IBSC2	企业能有效集成业务战略规划和 IT 规划	
	IBSC3	企业能设计灵活的、有效的 IT 规划流程	
	IBSC4	企业能有效理解 IT 投资的价值，确保 IT 应用程序与业务流程具有一致性	

本章还选择 IT 规模和 IT 外包经验等 IT 特征作为研究模型中的控制变量。其中，IT 规模指的是 IT 部门的全体员工占企业全体员工的比例，将 IT 外包经验作为虚拟变量，IT 部门被外包设为"1"，没有被外包设为"0"。

4.4 数据分析与结果

4.4.1 信度和效度检验

鉴于偏最小二乘（PLS）方法适用于样本数量较少的情形，选取 SmartPLS2.0 软件检验变量的信度和效度，并验证研究模型中提出的研究假设。根据彼得等（Petter S et al.，2007）对变量类型的判断标准，本章研究模型中的 CEO 支持、IT 基础设施资源、IT 人力资源和 IT 业务跨越能力均为反映性变量。

在此，本章选择各变量测量项的载荷和交叉载荷、综合信度系数（CR）、Cronbach's α 系数和因子抽取平均方差值（AVE）来检验信度与效度。如表 4-2 所示，各变量测量项在其所属变量上的载荷均符合大于 0.7 的检验标准，并且每个测量项和其所属变量的载荷均比该测量项在其他变量上的交叉载荷大 0.1 以上。同时，如表 4-3 所示，Cronbach's α 值和 CR 值大于 0.7，AVE 值大于 0.5，这些检验结果说明本章变量具有良好的内部一致性信度和收敛效度。此外，变量的 AVE 值平方根均大于其相关系数，也说明本章变量的区别效度也较好。

表 4－2　　　　　　　　　　各变量测量项的载荷和交叉载荷

测量项	CEO 支持（CS）	IT 基础设施资源（ITIR）	IT 人力资源（ITHR）	IT 业务跨越能力（IBSC）
CS1	0.864	0.333	0.401	0.301
CS2	0.914	0.378	0.478	0.309
CS3	0.802	0.330	0.357	0.273
ITIR1	0.305	0.832	0.645	0.294
ITIR2	0.412	0.821	0.574	0.400
ITIR3	0.279	0.839	0.678	0.400
ITHR1	0.402	0.582	0.820	0.381
ITHR2	0.454	0.639	0.854	0.408
ITHR3	0.306	0.641	0.765	0.334
IBSC1	0.320	0.388	0.411	0.817
IBSC2	0.326	0.362	0.424	0.836
IBSC3	0.230	0.425	0.356	0.806
IBSC4	0.220	0.256	0.286	0.800

表 4－3　　　　　　　　　　变量的信度与效度检验结果

变量	均值（标准差）	AVE	CR	Cronbach's α	CS	ITIR	ITHR	IBSC
CEO 支持（CS）	5.595（0.989）	0.741	0.895	0.824	0.861			
IT 基础设施资源（ITIR）	5.446（0.895）	0.690	0.870	0.777	0.403	0.830		

续表

变量	均值 （标准差）	AVE	CR	Cronbach's α	CS	ITIR	ITHR	IBSC
IT 人力资源 （ITHR）	5.298 （0.945）	0.663	0.855	0.745	0.481	0.760	0.814	
IT 业务跨越能力 （IBSC）	5.326 （0.940）	0.664	0.888	0.833	0.343	0.448	0.462	0.815

考虑到本章采用的变量 CEO 支持、IT 基础设施资源、IT 人力资源和 IT 业务跨越能力等均由企业的 IT 主管回答，因此，需要对样本进行共同方法偏差的检验。本章遵循 IS 领域以往学者（Liang H et al., 2007）建议的方法，把共同方法因子代入到研究模型中，如表 4-4 所示，测量项在所属变量上的载荷方差远高于在共同方法因子上的载荷方差，表明本章所采用的企业样本未受到共同方法偏差的显著影响。

表 4-4   共同方法偏差检验

变量	测量项	所属因子载荷 （R_1）	R_1^2	共同方法因子载荷 （R_2）	R_2^2
CEO 支持	CS1	0.870 ***	0.757	−0.015	0.000
	CS2	0.899 ***	0.808	0.024	0.001
	CS3	0.812 ***	0.659	−0.012	0.000
IT 基础设施资源	ITIR1	0.997 ***	0.994	−0.159	0.025
	ITIR3	0.714 ***	0.510	0.107	0.011
	ITIR4	0.781 ***	0.610	0.056	0.003
IT 人力资源	ITHR1	0.851 ***	0.724	−0.039	0.002
	ITHR2	0.783 ***	0.613	0.075	0.006
	ITHR4	0.812 ***	0.659	−0.042	0.002
IT 业务跨越能力	IBSC1	0.732 ***	0.536	0.095	0.009
	IBSC2	0.758 ***	0.575	0.082	0.005
	IBSC3	0.800 ***	0.640	0.014	0.000
	IBSC4	0.974 ***	0.749	−0.191 **	0.011
平均值		0.829	0.695	−0.000	0.008

注：** 表示 p < 0.01，*** 表示 p < 0.001。

4.4.2　假设检验

本章采用 SmartPLS2.0 软件进行层次回归分析，对该研究模型中的假设进行检验。如表 4-5 所示，所构建的这些回归模型分别用来检验控制变量、主效应和交互效应的影响。在表 4-5 中，模型 4-1 和模型 4-2 分别检验控制变量、IT 基础设施和 IT 人力资源对 IT 业务跨越能力的作用。模型 4-3 和模型 4-4 分别用来检验 CEO 支持与 IT 基础设施和 IT 人力资源的交互效应。

表 4-5　　　　　　　　　　层次回归分析结果

变量	模型 4-1	模型 4-2	模型 4-3	模型 4-4
控制变量				
IT 规模	0.140	0.077	0.071	0.028
IT 外包经验	0.092	0.076	0.062	0.081
自变量				
IT 基础设施资源（ITIR）		0.224 *	0.210 *	0.142
IT 人力资源（ITHR）		0.285 *	0.230 *	0.274 *
CEO 支持（CS）			0.138	0.065
交互项				
ITIR × CS				-0.351 **
ITHR × CS				0.127
ΔR^2		0.223	0.014	0.061
f^2		0.295	0.019	0.090
R^2	0.021	0.244	0.258	0.311
F 值		31.857	2.019	9.405

注：样本量为 112，* 表示 $p < 0.05$，** 表示 $p < 0.01$。

在模型 4-1 中，IT 规模（$\beta = 0.140$，$p > 0.05$）和 IT 外包经验（$\beta = 0.092$，$p > 0.05$）对 IT 业务跨越能力均无显著影响，说明企业的 IT 特征虽然有所不同，但是 IT 业务跨越能力却不会显示较大差异。在模型 4-2 中，

IT 基础设施资源（$\beta = 0.224$，$p < 0.05$）和 IT 人力资源（$\beta = 0.285$，$p < 0.05$）对 IT 业务跨越能力均有显著正向影响，并且解释了 IT 业务跨越能力 22.3% 的方差，这说明了研究假设 H4 - 1 和假设 H4 - 2 成立。在模型 4 - 3 中，CEO 支持（$\beta = 0.138$，$p > 0.05$）对 IT 业务跨越能力没有显著的正向影响。在模型 4 - 4 中，IT 基础设施资源与 CEO 支持的交互项（$\beta = -0.351$，$p < 0.01$）对 IT 业务跨越能力有显著的负向影响，IT 人力资源与 CEO 支持的交互项（$\beta = 0.127$，$p > 0.05$）对 IT 业务跨越能力没有显著的正向影响，这意味着 CEO 支持在 IT 基础设施资源与 IT 业务跨越能力之间的关系中起负向调节效应，而 CEO 支持在 IT 人力资源与 IT 业务跨越能力之间的关系中没有显著调节效应，表明研究假设 H4 - 3 成立，而研究假设 H4 - 4 不成立。同时，遵循以往学者给出的检验步骤（Titah R & Barki H，2009），如表 4 - 6 所示，当 CEO 支持水平增加时，IT 基础设施资源对 IT 业务跨越能力的影响降低，甚至没有显著影响；同时，如表 4 - 7 所示，当 IT 基础设施资源水平增加时，CEO 支持对 IT 业务跨越能力的影响也会降低，研究假设 H4 - 3 得到了进一步的验证。

表 4 - 6   CEO 支持不同水平下 IT 基础设施资源的效用分析结果

CEO 支持水平	IT 基础设施资源系数	SE	t 值
7	- 0.322	0.281	- 1.142
6	0.020	0.148	0.138
5.595	0.159	0.114	1.395
5	0.362	0.121	2.989
4	0.704	0.240	2.939
3	1.046	0.388	2.700
2	1.388	0.541	2.565
1	1.730	0.697	2.483

注：IT 基础设施资源系数 = 0.151 - 0.320 CEO 支持（中心化）；SE（IT 基础设施资源系数标准差）= Sqrt（Var（$\beta_{\text{IT 基础设施资源}}$））+ CEO 支持^2 × Var（$\beta_{\text{CEO 支持} \times \text{IT 基础设施资源}}$）+ 2CEO 支持 × COV（$\beta_{\text{IT 基础设施资源}}$，$\beta_{\text{CEO 支持} \times \text{IT 基础设施资源}}$）。

表 4 – 7　　　IT 基础设施资源不同水平下 CEO 支持的效用分析结果

IT 基础设施资源水平	CEO 支持系数	SE	t 值
7	– 0.465	0.295	– 1.579
6	– 0.123	0.156	– 0.793
5.446	0.066	0.105	0.629
5	0.219	0.107	2.037
4	0.561	0.221	2.537
3	0.903	0.369	2.446
2	1.245	0.523	2.380
1	1.587	0.679	2.337

注：CEO 支持系数 = 0.066 – 0.342IT 基础设施资源（中心化）；SE(CEO 支持系数的标准差) = Sqrt(Var($\beta_{CEO支持}$)) + IT 基础设施资源^2 × Var($\beta_{CEO支持 \times IT基础设施资源}$) + 2IT 基础设施资源 × COV($\beta_{CEO支持}$, $\beta_{CEO支持 \times IT基础设施资源}$)。

4.5　研究分析与讨论

本章旨在构建 IT 资源驱动的企业 IT 吸收模型。研究结论如下：（1）IT 基础设施资源与 IT 人力资源正向影响 IT 业务跨越能力；（2）虽然 CEO 支持对 IT 人力资源的正向调节效应不显著，但是 CEO 支持与 IT 基础设施资源却具有替代关系。

4.5.1　理论意义

本章的理论意义如下。

（1）证实 IT 基础设施与 IT 人力资源对 IT 吸收成功结果变量 IT 业务跨越能力产生正向显著影响，这与先前研究结论（IT 资源对 IT 吸收产生正向影响）是一致的（Bharadwaj A S, 2000；Tai J C F et al., 2019）。

（2）先前研究结果表明 IT 基础设施资源与高层管理支持交互正向影响企业 IT 吸收，但由于大数据、物联网与人工智能技术的出现，IT 基础设施资源呈现出智能化特征（Lobaziewicz M, 2018），在这种智能化情境下，企业 IT 吸收除了高层管理者指导之外，还可以通过 IT 基础设施资源（如智能化知识系统）来指导（Durcikova A et al.，2011）。这一研究结果显示，在智能化情境下，IT 基础设施资源与 CEO 支持不是互补关系，而是替代关系。同时，本章证实 CEO 支持在 IT 人力资源与 IT 业务跨越能力之间关系中所起的正向调节效应并不显著。原因可能如下：一是智能化信息系统的出现，企业作为一个高效运转的有机体，能规范解决问题的方法、与内外部环境共建良好的沟通交流渠道，使 IT 员工能熟练利用 IT 资源实现业务目标，从而降低对企业 CEO 指导的依赖（Adamczewski P，2016；孙新波等，2023；孙新波等，2024）；二是可能直接负责 IT 实践活动的是 CIO 而非 CEO，因此相比于 CEO 支持而言，CIO 支持可能对企业 IT 吸收具有更强的解释效力（Hambrick D C，1995）。总体来说，研究结果显示 CEO 支持并不直接对企业 IT 吸收产生显著影响，而是通过与其他 IT 资源的交互对企业 IT 吸收产生影响。因此，IT 主管应集成 CEO 支持与其他 IT 资源共同来提升企业 IT 吸收水平。

（3）研究结论揭示了 IT 基础设施资源对企业 IT 吸收产生影响的边界条件。已有研究结果显示 IT 基础设施资源与企业 IT 吸收之间的关系存在争议（Bhatt G D & Grover V，2005；Zhou J et al.，2018）。本章研究结果显示 IT 基础设施资源只有在 CEO 支持程度较低时才对企业 IT 吸收产生显著影响，而在 CEO 支持程度较高时，IT 基础设施资源的效用会变得不显著，这说明 IT 基础设施资源与企业 IT 吸收之间的关系存在争议的原因可能是 CEO 支持程度不同。

（4）实证检验了在高 CEO 支持强度下，IT 基础设施资源与 IT 人力资源对 IT 吸收的不同效用，其中，虽然 IT 人力资源对 IT 吸收产生显著正向影响，但是 IT 基础设施资源对 IT 吸收的效用不显著。因此，IT 主管应学会利用 CEO 支持这一关键的高层管理支持，因为 CEO 支持也是一类重要的 IT 资源，并且能替代 IT 基础设施资源的某些功能。

4.5.2 实践意义

本章的实践意义如下。

（1）考虑到 IT 基础设施与 IT 人力资源均正向影响企业 IT 吸收成功结

果变量 IT 业务跨越能力，IT 主管应制定与实施合适的 IT 战略来发挥这些 IT 资源的效用。一方面，企业应投资于 IT 技术架构来提升 IT 吸收成功，如维持 IT 平台的灵活性，使 IT 系统更容易匹配业务需求的变化。另一方面，企业应构建完善的 IT 培训体系，保证 IT 员工有足够的 IT 技巧与业务知识来完成企业的业务目标。

（2）企业 IT 主管应学会利用 CEO 支持来提升企业 IT 吸收成功率。如对于新成立的企业来说，其 IT 技术架构还不完善，高层管理者可以用他们丰富的经验和知识指导 IT 项目，并向 IT 员工传递一种共同愿景，使得他们更高效地使用 IT 系统，提升 IT 的商务价值。

（3）在 CEO 支持程度较高时，IT 基础设施资源与 IT 人力资源具有不同效用。当 CEO 支持程度较高时，IT 主管应优先培育 IT 人力资源，避免在 IT 基础设施资源的构建上投入过多。

4.5.3　研究局限及未来研究方向

本章研究存在以下局限性。（1）由于获取大规模的企业样本难度较大，本章的样本数量较少，因此有待扩充样本量，提升研究结论的鲁棒性。（2）可以摒弃问卷调查获取主观测量数据的方式，选取客观数据来测度企业 IT 吸收成功结果，规避共同方法偏差的影响。（3）企业 IT 吸收是一个长期的过程，应进一步设计纵向追踪研究来检验 CEO 支持、IT 基础设施资源、IT 人力资源与企业 IT 吸收之间的关系。

以上研究局限也为未来研究指明了方向。（1）基于权变理论，未来研究可以检验情境因素（如环境不确定性、信息强度等）在 IT 基础设施资源和 IT 人力资源与 IT 吸收关系中的调节作用，不同的情境因素可能会显示出不同的调节作用。（2）未来研究应扩充 IT 相关资源的种类（如与 IT 互补的企业资源），检验更多类型的 IT 相关资源对企业 IT 吸收的影响。（3）除了 CEO 支持之外，未来研究还可以探讨 CIO 等处于不同企业地位的管理支持与 IT 基础设施与 IT 人力资源、企业 IT 吸收之间的关系。（4）未来研究还可以探索高层管理者不同的领导风格（如变革型领导和交易型领导）对企业 IT 吸收的影响，因为高层管理者不同的领导风格可能会导致企业 IT 吸收的效果截然不同。

第 5 章

IT 重置与 IT 集成驱动的企业 IT 吸收模型

5.1 引　　言

近几十年来，IT 资源管理引起了信息系统领域的普遍关注。2016 年，中国的中小微企业对 IT 的投入高达 2000 亿元，并且对 IT 的投入还有逐年递增的趋势（Peng J et al.，2016）。随着社会网络化的发展，IT 在各种不同类型的企业中被普遍应用。然而，由于较容易被竞争对手所复制，IT 的商品化特性极大地阻碍了 IT 基础设施等 IT 资源在 IT 消化吸收中所发挥的积极作用（Mata F J et al.，1995）。IT 价值创造流程理论认为，IT 资源必须与企业战略目标相结合，通过企业流程的运作，给企业带来竞争优势（Melville N et al.，2004；丁秀好和武素明，2020）。企业需要对 IT 资源进行有效的管理，才能达到战略目标。例如，恩盖等（Ngai E W T et al.，2011）指出，某跨国企业拥有员工 4000 多名，并在中国、越南和菲律宾等地区均设有子公司，该企业不仅拥有优秀的 IT 团队来帮助其根据业务需求快速配置 IT 资源，以更好地响应客户需求，而且会通过集成 IT 资源，有效共享企业信息，把某子公司的优秀经验移植到其他子公司，以更好地服务于客户需求。但 IT 重置与 IT 集成固有的动态性，使得通过 IT 资源管理形成具有竞争性的 IT 能力，对企业的 IT 战略实施来说，是一项重大的挑战。

信息系统领域已有一些研究探讨 IT 重置或者 IT 集成对企业 IT 吸收的影响。IT 重置又被称为 IT 灵活性（Byrd T A & Turner D E，2000），是指按照模块化的设计原则，利用标准化接口对 IT 基础设施进行重组和扩展的能力（Saraf N et al.，2007）。IT 集成是指集成企业不同的应用程序、通信技术和应用平台的能力（Rai A & Tang X，2010）。IT 重置能降低企业为支持业务需求而重新配置资源，从而适应新的应用程序的努力；IT 集成则能使企业共享信息、协调活动，以便与业务部门的各种流程进行融合。本章还选取了 IT 竞争性使用作为 IT 吸收的结果变量。IT 竞争性使用是指企业使用 IT 实现诸如产品或者服务差异化、降低产品或者服务成本、提升产品或者服务质量、发展现有或者潜在业务机会的能力（Kearns G S，2006）。作为企业 IT 吸收的结果变量，IT 竞争性使用在以往的文献（Kearns G S & Lederer A L，2004）中被使用，并取得了较好的应用效果。然而，已有关于探讨 IT 重置与 IT 集成如何促进 IT 吸收成功的研究还存在一些值得探讨之处。首先，IT 重置与 IT 集成是否能提升企业 IT 吸收水平还存在争议。先前文献按研究结论可以分为两类。第一类认为 IT 重置和 IT 集成这些 IT 基础实施能力对企业 IT 吸收没有显著影响（Rai A & Tang X，2010；Bhatt G D & Grover V，2005）。比如巴特和格罗弗（Bhatt G D & Grover V，2005）认为 IT 基础设施较易复制，不具备竞争性资源的特点，会导致 IT 基础设施管理能力对企业 IT 吸收的影响不显著。第二类认为 IT 重置和 IT 集成这些 IT 基础设施管理能力对企业 IT 吸收有正向影响。比如有学者验证了 IT 重置能通过流程融合和匹配灵活性这两种竞争性流程能力影响企业 IT 吸收，IT 集成能通过匹配灵活性影响企业 IT 吸收（Rai A & Tang X，2010）。其次，除少数学者之外，信息系统领域的研究往往探讨 IT 重置或者 IT 集成单个 IT 基础设施管理能力对 IT 吸收的影响（Ravichandran T & Lertwongsatiesn C，2005；Rai A et al.，2006）。拉伊等（Rai A et al.，2006）通过对 110 家制造业和零售业企业的调查，发现 IT 集成能增强包括金融流集成、物质流集成和信息流集成在内的供应链集成能力，进一步促进企业 IT 吸收；维奇安德兰和勒特文萨（Ravichandran T & Lertwongsatiesn C，2005）基于资源基础理论，在美国 129 家企业数据的基础上，证实 IT 基础设施灵活性、IT 人力资本和 IT 关系质量对企业 IT 吸收的影响。就 IT 资源管理而言，较少有实证研究同时检验这两种看似矛盾的 IT 基础设施管理能力对企业 IT 吸收的影响。基于上述分析，引出本章的第一个研究问题：同时检验 IT 重置和 IT 集成这两类 IT 基础设施管理能力对 IT 竞争性使用的影响。此外，关于 IT 重置和 IT 集成的组合策略对企业 IT 吸收的影响在先前的信息系统领域研究中也没有被检验过。

本章识别了关于这两种 IT 基础设施管理能力组合策略的两个维度：一是平衡维度（侧重于维持 IT 重置和 IT 集成的接近程度）；二是互补维度（侧重于维持 IT 重置和 IT 集成的交互程度）。基于此，引出本章的第二个研究问题：评估 IT 重置和 IT 集成组合策略平衡和互补维度对 IT 竞争性使用的影响。

通过关注 IT 重置和 IT 集成的组合策略平衡与互补维度，并检验每个维度对 IT 竞争性使用的影响，有助于企业理解如何进行 IT 资源管理，促进企业 IT 吸收成功。基于多行业的 111 家企业样本，本章发现了平衡和互补 IT 重置和 IT 集成的不同效用，并以此为基础构建关于 IT 重置和 IT 集成的组合策略。本章不但通过检验 IT 重置和 IT 集成这两种 IT 基础设施管理能力对企业 IT 吸收的影响，而且还通过强调这两种 IT 基础设施管理能力组合策略的构建，为企业促进 IT 吸收提供管理上的启示。

5.2 理论基础与研究假设

5.2.1 双元理论与 IT 基础设施管理能力

双元理论认为，企业中存在两类战略行为，分别是利用行为和探索行为（March J G, 1991）。其中，利用行为是那些包括增加标准化或者加强流程控制等在内的可以提高运作效率的企业行为；与利用行为不同的是，探索行为是那些致力于新的价值创造途径或者新的解决方案的企业行为。由于侧重点的不同，利用行为和探索行为有着本质的不同（孙建军等，2022），利用行为以低风险策略为侧重点，包括简化活动、通过更高的一致性来执行活动等；探索行为以高风险策略为侧重点，包括重估现有的问题解决方法，并使用新的解决方法等。由此可见，探索行为需要试验、冒险和创新，经过反复试错，帮助企业设计较优的问题解决方案，往往需要较长时间才会给企业带来收益。已有文献证实，企业要想赢得长久的竞争优势，在高度动态的竞争环境中，必须同时追求利用和探索这两类企业行为，只追求利用行为或者探索行为都不足以让企业获得长久的竞争优势。虽然利用行为和探索行为相互联系、共同对企业绩效发挥作用，但是利用行为和探索行为这两类行为又是冲突的（Im G & Rai A，2008；池毛毛等，2019），主要有以下原因：（1）由于具备自我强化的特性，这两类企业行为分别有导致"成功陷阱"或者"失败陷阱"的倾向；（2）这两类企业行为对企业稀有资源有竞争关系；（3）这两种企业行为有着截然不同的认知路径和过程。因此，同时追求利用行为和探索行为这两类企业行为，对于大多数企业来说，是极具挑战性的。

随着企业的互联网化，IT 资源在企业中的重要性日益增强，已经嵌入企业的各项工作之中，企业的运作流程也越来越依赖于 IT 资源（Liu S & Wang L，2016；吴珊等，2020）。因此，本章试图在 IT 资源管理相关文献的基础上，进一步探讨有效部署 IT 资源所需的 IT 基础设施管理能力。在先前的文献中，巴德汉等（Bardhan I et al.，2010）从 IT 动态流程的角度探讨 IT 资源的管理，并指出共有五种类型的 IT 能力：IT 集成能力、IT 重置能力、IT 协调能力、IT 学习能力和 IT 感知能力。其中，IT 集成能力能通过开发系统交互所需模式，实施运作能力的新组合；IT 重置能力把现有资源和服务赋予新的组合，以应对环境的变化；IT 协调能力帮助配置资源和服务、分配任务和协调活动；IT 学习能力鼓励创新性思维、新知识创造来提高现有资源和服务；IT 感知能力帮助管理人员理解环境、业务需求以及识别机会。萨拉夫等（Saraf N et al.，2007）进一步指出，在这五种类型的 IT 能力中，IT 重置和 IT 集成这两种 IT 基础设施管理能力在对企业 IT 吸收的影响过程中尤为重要，并且 IT 重置和 IT 集成具有类似于探索和利用这两类企业行为之间的关系。

针对具有此类关系的 IT 基础设施管理能力，学术界存在两种截然不同的观点：冲突观点与互补观点。其中，冲突观点认为 IT 重置与 IT 集成是冲突的（March J G，1991），IT 重置与 IT 集成均具有自我强化的特性，对企业稀有资源具有竞争关系，并且这两种 IT 基础设施管理能力的构建有着不同的认知路径和过程（Im G & Rai A，2008）。互补观点则认为 IT 重置和 IT 集成是互补的，其中一种 IT 基础设施管理能力会提升另外一种 IT 基础设施管理能力的效用（Gupta A K et al.，2006；Kristal M et al.，2010）。基于此，根据 IS 领域以往研究的建议，关于 IT 重置和 IT 集成的组合策略也相应地具有两种不同的维度，即平衡维度和互补维度（Cao Q et al.，2009；Tang X & Rai A，2014）。因此，考虑到 IT 重置和 IT 集成这两种 IT 基础设施管理能力对企业 IT 吸收至关重要，但又难以同时获得，因此，本章选取 IT 重置和 IT 集成作为两种重要的 IT 基础设施管理能力，探讨这两种 IT 基础设施管理能力及其组合策略对企业 IT 吸收的影响。

5.2.2　IT 重置与 IT 竞争性使用

IT 重置是在标准化接口和模块化组分的基础上，通过降低 IT 基础设施的专属性，达到匹配业务需求的目的。灵活的 IT 基础设施在产品、环境或者业务伙伴改变时能降低 IT 相关的成本，使企业轻松应对客户需求的变化、制造流程的变革或者业务伙伴的变更（Ngai E W T et al.，2011）。因此，企业 IT 重置能力也被认为代表了 IT 资源支持业务流程变化的容易程度。在业务需求发生变化时，虽然 IT 基础设施此时会偏离其最优配置，但是 IT 重置能使其免遭较大的风险。在 IT 资源管理方面，IT 重置不但能通过像操作系统、计算机网络等标准化的 IT 基础设施组件的选择（Allen B R & Boynton A C，1991），还能通过诸如 IT 员工培训的技能提升流程和 IT 治理流程等 IT 部门管理流程标准的制定（Nelson K M & Ghods M，1998），帮助企业维持 IT 的灵活性。在动态的环境中，IT 重置能通过 IT 资源的调整给企业带来商业价值。因此，当企业 IT 过于嵌入现有流程或者 IT 没有更新时，IT 重置能使得企业克服 IT 基础设施的固化效应，提升 IT 支持业务需求的能力，促进 IT 竞争性使用。因此，本章提出以下假设：

H5 -1：IT 重置正向影响 IT 竞争性使用。

5.2.3　IT 集成与 IT 竞争性使用

集成化的 IT 基础设施不仅能通过联合预测、库存管理和物流管理等一系列管理方式把产品或者服务成功交付给顾客，而且还可以通过对运作流程的全程追踪管理，来提升企业运作的效率（Rai A et al.，2006）。因此，企业 IT 集成能力也被认为反映了企业中各 IT 流程连接的紧密程度。在 IT 资源管理方面，IT 集成不但能通过数据库中编码结构和语义协调，增加 IT 架构的技术兼容性（Yang J & Papazoglou M P，2000），还可以通过融合与 IT 相关的技巧和知识，使企业不同的应用程序以互联互通的方式一起运作。因

此，IT 集成能帮助企业共享信息以及协调企业各项业务活动，从而提升 IT
与业务融合能力，促进 IT 竞争性使用。因此，本章提出以下假设。

H5－2：IT 集成正向影响 IT 竞争性使用。

5.2.4　组合策略的平衡维度与 IT 竞争性使用

组合策略的平衡维度侧重于使 IT 重置和 IT 集成尽可能地接近，此维度
主要是通过对 IT 相关风险的控制和规避（March J G，1991）来促进企业 IT
吸收成功。特别是，当企业过于强调 IT 集成而忽略 IT 重置时，企业会陷入
现有 IT 流程嵌入性过高的风险。此时虽然企业会获得短期效益，但是在面
临企业环境的变化时，企业会被困于现有的 IT 流程，导致"成功陷阱"倾
向（池毛毛等，2017）。相反，当企业过于强调 IT 重置而忽略 IT 集成时，
企业无法通过集成化的 IT 系统等保证高效率的工作，企业也难以获得相应
的回报，导致"失败陷阱"倾向（Im G & Rai A，2008）。当企业使 IT 重置
和 IT 集成尽可能地接近时，企业既不会有"成功陷阱"的倾向，也不会有
"失败陷阱"的倾向，通过有效的风险管理，促进企业 IT 吸收的成功。因
此，本章提出以下假设。

H5－3：组合策略的平衡程度正向影响 IT 竞争性使用。

5.2.5　组合策略的互补维度与 IT 竞争性使用

古普塔等（Gupta A K et al.，2006）认为企业效率和灵活性未必就会竞
争同一资源，而是在企业中能同时存在，具有互补的关系。与此类似，IT
重置和 IT 集成也被认为可以相互支持，并且其中一种 IT 基础设施管理能力
的提供会提升另外一种 IT 基础设施管理能力的效用（Saraf N et al.，2007）。
特别是，当企业通过 IT 集成实现信息共享时，高层管理者会对企业现有 IT
流程的功能有更深入的理解，此理解会让企业有足够的能力对现有的 IT 系
统进行重新配置，满足企业的业务需求（Burgelman R A，1994）。同样，当
企业通过 IT 重置获取更多的 IT 技巧和业务知识时，会不断扩充企业的知识
库，这些扩充后的知识库会更好地应用于 IT 集成（Cao Q et al.，2009）。通
过知识共享，IT 重置和 IT 集成可以彼此互补，以促进企业 IT 吸收的成功。

因此，本章提出以下假设。

H5 – 4：组合策略的互补程度正向影响 IT 竞争性使用。

综上所述，IT 重置与 IT 集成驱动的企业 IT 吸收模型如图 5 – 1 所示。

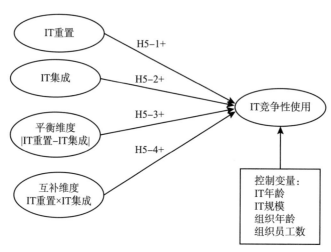

图 5 – 1　IT 重置与 IT 集成驱动的企业 IT 吸收模型

公式（5 – 1）所示的结构方程模型，表示的是图 5 – 1 中研究模型的路径关系。

$$IT\ 竞争性使用 = \beta_1 IT\ 重置 + \beta_2 IT\ 集成$$

$$+ \beta_3 |IT\ 重置 - IT\ 集成| + \beta_4 IT\ 重置 \times IT\ 集成 + \varsigma$$

$$(5 – 1)$$

在公式（5 – 1）中，β_1、β_2、β_3 和 β_4 分别为 IT 重置、IT 集成以及组合策略的平衡维度与互补维度在 IT 竞争性使用上的路径系数，ς 为随机误差。

5.3　研　究　方　法

5.3.1　研究样本

本章从北美信息周刊前五百强、亚洲前五百强和欧洲前一百强组织中随机选取 220 家企业作为调查对象，这些企业所涉及的行业有信息技术业、零售业、电子业和制造业等。调查过程分为三个过程：首先，在这些企业 CEO 等高层管理者的协助下，联系其企业的 IT 主管，确定参与调查的 IT 主管名单；其次，联系这些 IT 主管，发放本章的纸质调查问卷，在该问卷调查中，IT 主管需要回答 IT 重置、IT 集成和 IT 竞争性使用的相关测度项；最后，由调研人员收回已完成的调查问卷。本次调查共收回 111 份有效问卷，这 111 家企业样本的描述性统计特征如表 5-1 所示。

表 5-1　　　　　　　　　　样本的描述性统计特征

特征	分布	数量（份）	占比（%）
行业类型	汽车制造业	11	9.91
	银行等金融服务业	8	7.21
	制药业	9	8.11
	消费品业	11	9.91
	电子业	7	6.31
	信息技术业	10	9.01
	制造业	13	11.71
	零售业	11	9.91
	通信业	8	7.21
	物流运输业	6	5.41
	能源业	5	4.50
	其他行业	12	10.81
所在地区	亚洲	39	35.14
	欧洲	37	33.33
	北美	35	31.53
组织年龄（岁）	≤20	19	17.12
	21～40	35	31.53
	41～60	14	12.61
	61～100	22	19.82
	101～120	12	10.81
	>120	9	8.11

续表

特征	分布	数量（份）	占比（%）
组织规模，即员工数量（人）	≤10000	21	18.92
	10001~50000	43	38.74
	50001~100000	20	18.02
	100001~200000	17	15.32
	>200000	10	9.01

5.3.2 研究工具

在本章中，IT 重置采用萨拉夫等（Saraf N et al., 2007）编制的问卷，包括 4 个测度项，其中包含"IT 系统易于适应新的业务单元"；IT 集成也同时采用先前研究编制的问卷（Rai A & Tang X, 2010），包括 4 个测度项，其中包含"使用 IT 系统融合业务活动"；IT 竞争性使用采用卡恩斯（Kearns G S, 2006）及卡恩斯和莱德尔（Kearns G S & Lederer A L, 2004）编制的问卷，包括 4 个测度项，其中包含"使用 IT 系统建立与包括供应商和客户在内的上下游企业的电子连接"。基于上述相关文献的研究量表，本章根据信息系统领域专家的建议，对研究量表进一步修正，并对来自中国、法国的 22 家企业进行了预调研，研究量表的所有测量均采用 Likert 七点量表计分，具体研究量表如表 5-2 所示。

表 5-2　　　　　　　　　　研究变量的测度项

变量	测度项	测量题目	参考文献
IT 重置（ITR）	ITR1	IT 平台能够很容易地适应新的业务部门	Saraf N et al., 2007
	ITR2	IT 平台能够很容易地与新的应用或者功能融合	
	ITR3	IT 平台采用能被大多数现有和潜在业务伙伴所接受的 IT 服务标准	
	ITR4	IT 平台由许多能够被其他企业应用程序重复使用的软件模块所组成	

续表

变量	测度项	测量题目	参考文献
IT 集成（ITI）	ITI1	企业使用 IT 来集成业务流程（如开发、购买）中的活动	Rai A & Tang X, 2010
	ITI2	IT 允许我们很容易地集成可以接触到的数据（如客户、生产、营销）	
	ITI3	所有的业务系统都可以无缝链接	
	ITI4	我们企业在 IT 的帮助下，有能力与业务部门交互实时信息	
IT 竞争性使用（ITCA）	ITCA1	使用 IT 系统建立与包括供应商和客户在内的上下游企业的电子连接	Kearns G S, 2006；Kearns G S & Lederer A L, 2004
	ITCA2	使用 IT 系统构建障碍，以阻止竞争对手进入已有的产品市场	
	ITCA3	使用 IT 系统辅助客户决策，使他们购买我们的产品	
	ITCA4	使用 IT 系统支持重要的业务流程	

　　因考虑到本章所采用的相关变量，即 IT 重置、IT 集成和 IT 竞争性使用等，均由负责 IT 部门的 IT 主管评估，因此，本章的研究样本可能会受到共同方法偏差的影响，需要进行共同方法偏差的检验。沿用遵循 IS 领域以往学者（Liang H et al.，2007）运用的构建共同方法因子的检验方法，如果所有变量的相关测度项在共同方法因子上的载荷方差均小于在所属变量上的载荷方差，则表明研究样本没有受到共同方法偏差的风险。如表 5 – 3 所示，经检验共同方法因子载荷方差的平均值为 0.015，远低于在所属变量上载荷方法的平均值 0.691，表明本章所采用的企业样本没有共同方法偏差的风险。

表 5 – 3　　　　　　　　　　　　　**共同方法偏差检验**

变量	测度项	所属因子载荷（R_1）	R_1^2	共同方法因子载荷（R_2）	R_2^2
IT 重置	ITR1	1.024 ***	1.049	− 0.159 *	0.025
	ITR2	0.709 ***	0.503	0.154	0.024
	ITR3	0.782 ***	0.612	0.091	0.008
	ITR4	0.917 ***	0.841	− 0.077	0.006

续表

变量	测度项	所属因子载荷（R_1）	R_1^2	共同方法因子载荷（R_2）	R_2^2
IT 集成	ITI1	0.938 ***	0.880	− 0.095	0.009
	ITI2	0.857 ***	0.734	0.015	0.000
	ITI3	0.832 ***	0.692	0.017	0.000
	ITI4	0.780 ***	0.608	0.064	0.004
IT 竞争性使用	ITCA1	0.748 ***	0.560	0.034	0.001
	ITCA2	0.770 ***	0.593	− 0.003	0.000
	ITCA3	0.950 ***	0.903	− 0.247 **	0.061
	ITCA4	0.566 ***	0.320	0.216 *	0.047
平均值		0.823	0.691	0.001	0.015

注：* 表示 $p < 0.05$，** 表示 $p < 0.01$，*** 表示 $p < 0.001$。

在以上 IT 重置和 IT 集成调研的基础上，本章进一步构建组合策略的平衡和互补维度，为了便于解释，根据 IS 领域以往学者（Cao Q et al.，2009；Tang X & Rai A，2014）的建议，采用 7 减去 IT 重置和 IT 集成差的绝对值来测度组合策略的平衡维度，这时，较高的数值表示 IT 重置和 IT 集成越平衡；采用 IT 重置和 IT 集成的交互项表示组合策略的互补维度。其中，对 IT 重置和 IT 集成中心化之后，再计算交互项，以避免多重共线性问题。另外，参照 IS 领域以往研究文献（Lu Y & Ramamurthy K，2011），本章还选择了 IT 年龄、IT 规模、企业年龄和企业员工数作为本章研究模型的控制变量。其中，IT 年龄是指 IT 部门成立的年限，IT 规模是指 IT 员工占企业全体员工总数的比例，企业年龄是指企业成立的年限，企业员工数是指企业拥有员工的数量。

5.4 结果分析

5.4.1 信度和效度检验

本章所调研的企业样本仅包括 111 家企业，在这种样本数量比较少的情况下，以往的信息系统领域文献（如王志红和曹树金，2020；梁玲玲等，2022；胡敏等，2022）通常使用偏最小二乘技术来检验变量的信度和效度。因此本章也采用 SmartPLS2.0 软件检验 IT 重置、IT 集成和 IT 竞争性使用的信度和效度。另外，需要说明的是，按照彼得等（Petter S et al.，2007）给出的变量类型划分标准，本章研究所涉及的变量 IT 重置、IT 集成和 IT 竞争性使用均属于反映性变量。

本章主要通过各测度项在相关变量的载荷与交叉载荷、Cronbach's α 系数、因子抽取平均方差值和综合信度系数来检验 IT 重置、IT 集成和 IT 竞争性使用的信度和效度，检验结果如表 5-4 和表 5-5 所示。

表 5-4　　　　　　　　　变量测度项的载荷和交叉载荷

测度项	ITR	ITI	ITCA
ITR1	0.89	0.28	0.35
ITR2	0.84	0.42	0.42
ITR3	0.86	0.38	0.43
ITR4	0.84	0.34	0.31
ITI1	0.33	0.85	0.37
ITI2	0.35	0.87	0.46
ITI3	0.36	0.85	0.42
ITI4	0.37	0.84	0.43
ITCA1	0.34	0.39	0.78
ITCA2	0.36	0.34	0.75
ITCA3	0.17	0.32	0.71
ITCA4	0.43	0.42	0.77

表 5-5　　　　　　　　　变量的信度系数和相关系数

变量	Cronbach's α	AVE	CR	ITR	ITI	ITCA
ITR	0.88	0.74	0.92	0.86		
ITI	0.87	0.73	0.91	0.42	0.85	
ITCA	0.75	0.57	0.84	0.45	0.49	0.75

注：ITR = IT 重置，ITI = IT 集成，ITCA = IT 竞争性使用。

各测度项在所属变量的载荷均大于 0.71，且比在其他变量的交叉载荷高 0.1 以上；Cronbach's α 值均大于 0.75，因子抽取平均方差值（AVE）均大于 0.57，综合信度系数（CR）均大于 0.84，且这些变量的相关系数均小于 AVE 的平方根。以上检验结果满足信度和效度的检验标准，说明本章所涉及的变量信度和效度较好。

5.4.2 假设检验

本章主要采用 SPSS17.0 软件，通过层次回归模型分析对所提假设进行了验证。共建立了 5 个回归模型，通过回归模型之间对 IT 竞争性使用解释方差的增量比较，对研究假设进行验证。

模型 5-1：控制变量

模型 5-2：控制变量、IT 重置、IT 集成

模型 5-3：控制变量、IT 重置、IT 集成、组合策略平衡维度

模型 5-4：控制变量、IT 重置、IT 集成、组合策略互补维度

模型 5-5：控制变量、IT 重置、IT 集成、组合策略平衡维度、组合策略互补维度

模型 5-1 用来检验控制变量 IT 年龄、IT 规模、企业年龄和企业员工数对 IT 竞争性使用的影响；模型 5-2 用来检验解释变量 IT 重置和 IT 集成对 IT 竞争性使用的影响；模型 5-3 和模型 5-4 分别把组合策略平衡维度和互补维度单独代入回归方程，检验组合策略平衡维度和互补维度对 IT 竞争性使用的影响；模型 5-5 同时把组合策略平衡维度和互补维度代入回归方程，进一步检验组合策略平衡维度和互补维度对 IT 竞争性使用的影响。

如表 5-6 所示，在模型 5-1 中，控制变量 IT 年龄（$\beta = 0.146$，$p > 0.05$）、企业年龄（$\beta = -0.051$，$p > 0.05$）、企业员工数（$\beta = -0.102$，$p > 0.05$）均对 IT 竞争性使用无显著影响，而 IT 规模（$\beta = 0.287$，$p < 0.05$）对 IT 竞争性使用有显著影响，此结果说明企业 IT 吸收会随着企业 IT 规模的不同而呈现出显著差异性，但是企业 IT 吸收却不会随着 IT 年龄、企业年龄和企业员工数的不同而差异较大。在模型 5-2 中，IT 重置（$\beta = 0.260$，$p < 0.05$）和 IT 集成（$\beta = 0.392$，$p < 0.05$）均对 IT 竞争性使用有显著正向影响，并且解释了 IT 竞争性使用 62.6% 的方差，支持了

研究假设 H5 - 1 和假设 H5 - 2。在模型 5 - 3 中，组合策略平衡维度（$\beta = 0.379$，$p < 0.001$）对 IT 竞争性使用有显著的正向影响，支持了研究假设 H5 - 3。在模型 5 - 4 中，组合策略互补维度（$\beta = 0.350$，$p < 0.001$）对 IT 竞争性使用有显著的正向影响，支持了研究假设 H5 - 4。当把组合策略平衡维度和互补维度同时代入回归方程时，在模型 5 - 5 中，组合策略平衡维度（$\beta = 0.207$，$p < 0.05$）和互补维度（$\beta = 0.217$，$p < 0.05$）也均对 IT 竞争性使用有显著的正向影响，此结果进一步验证了研究假设 H5 - 3 和假设 H5 - 4 成立。

表 5 - 6　　　　IT 重置、IT 集成、组合策略平衡和互补维度

对 IT 竞争性使用的影响结果分析

变量	模型 5 - 1	模型 5 - 2	模型 5 - 3	模型 5 - 4	模型 5 - 5
控制变量					
IT 年龄	0.146	0.212*	0.185*	0.180*	0.178*
IT 规模	0.287**	0.200*	0.194*	0.156*	0.169*
企业年龄	−0.051	0.040	0.026	0.089	0.062
企业员工数	−0.102	−0.035	0.003	0.030	0.027
解释变量					
IT 重置		0.260**	0.033	0.239**	0.123
IT 集成		0.392***	0.492***	0.520***	0.526***
组合策略平衡维度			0.379***		0.207*
组合策略互补维度				0.350***	0.217*
R^2	0.351	0.626	0.698	0.702	0.711
调整 R^2	0.123	0.392	0.487	0.458	0.506
F 值	3.714**	11.195***	13.984***	14.265***	13.071***

注：样本量为 111，* 表示 $p < 0.05$，** 表示 $p < 0.01$，*** 表示 $p < 0.001$。

本章所有研究假设的检验结果如表 5 - 7 所示。

表 5 - 7 研究假设的检验结果

研究假设	路径	检验结果
H5 - 1	IT 重置→IT 竞争性使用	支持
H5 - 2	IT 集成→IT 竞争性使用	支持
H5 - 3	组合策略平衡维度→IT 竞争性使用	支持
H5 - 4	组合策略互补维度→IT 竞争性使用	支持

同时，通过模型 5 - 3，可以发现 IT 集成对 IT 竞争性使用的正向影响似乎高于 IT 重置对 IT 竞争性使用的正向影响。关于这一发现，本章依据科恩等（Cohen J et al., 2003）所采用的方法，通过 T 检验以对这两个路径系数进行比较。此检验方法在以往的信息系统领域的研究（刘敏等，2015；Liu S & Deng Z, 2015）中得到了较好的应用效果。检验公式为：

$$t = \frac{\beta_i - \beta_j}{\sqrt{\frac{1 - R_Y^2}{n - k - 1} \times (r^{ii} + r^{jj} + 2r^{ij})}}$$

此 T 检验结果（T = 1.85）也说明 IT 集成对 IT 竞争性使用的正向影响显著高于 IT 重置对 IT 竞争性使用的正向影响。

5.5 结 果 讨 论

5.5.1 理论意义

（1）本章旨在从 IT 资源管理的视角出发，构建 IT 重置与 IT 集成驱动的企业 IT 吸收模型。在对 IT 资源探索和利用方面，信息系统领域以往的文献识别了两种关键的 IT 基础设施管理能力：IT 重置和 IT 集成。在探索如何提升企业 IT 吸收时，以往文献主要从 IT 重置或 IT 集成单个 IT 基础设施管理能力出发，较少把这两种 IT 基础设施管理能力结合起来考虑。然而，鉴于 IT 重置和 IT 集成具有类似于组织探索和利用行为之间的关系，IT 重置和 IT 集成之间的关系也比较复杂，有必要同时考虑 IT 重置和 IT 集成。本章因而同时选取 IT 重置和 IT 集成，探讨对企业 IT 吸收的影响，发现 IT 重置和

IT 集成均能促进企业 IT 吸收。考虑到 IT 基础设施管理能力对企业 IT 吸收的影响存在争议，研究结果较好地支持了 IT 基础设施管理能力对企业 IT 吸收具有正向影响这一观点。

（2）本章同时探讨了在 IT 资源管理过程中，关于 IT 重置和 IT 集成这两种看似矛盾的 IT 基础设施管理能力组合策略从不同维度对 IT 吸收的影响。本章识别了关于这两种 IT 基础设施管理能力组合策略的两大维度：平衡维度和互补维度，并集成 IT 资源管理与组织学理论揭示了 IT 重置和 IT 集成的平衡效应和互补效应。组合策略平衡维度对 IT 竞争性使用的正向影响，说明 IT 重置和 IT 集成具有矛盾的关系，维持 IT 重置和 IT 集成的平衡会使企业规避 IT 资源相关风险，从而促进 IT 吸收成功。而组合策略互补维度也对 IT 竞争性使用有正向影响，说明 IT 重置和 IT 集成又具有互补的关系，这两种 IT 基础设施管理能力组合的效用，会超过 IT 重置和 IT 集成这些单个 IT 基础设施管理能力效用之和。因此，IT 重置和 IT 集成的关系比较复杂，在技术架构等方面具有矛盾性，在 IT 技巧等方面又有互补性。这一结论较好地支持了关于 IT 重置和 IT 集成的冲突观点和互补观点。

（3）本章还发现了 IT 集成对 IT 竞争性使用的正向影响高于 IT 重置对 IT 竞争性使用的正向影响，这可能是 IT 重置和 IT 集成具有类似于探索和利用的行为特征导致的。虽然 IT 重置和 IT 集成都会对 IT 竞争性使用产生正向影响，但是 IT 重置在帮助企业设计适合企业情境的最优 IT 配置方案时，需要反复试错，这往往意味着高风险，并且其给企业带来的绩效短期时间内都很难体现，IT 集成却能在短期时间内通过协调组织内的 IT 活动以及知识共享等，以低风险策略为侧重点，给企业带来显著的收益。

5.5.2　实践意义

本章剖析了 IT 重置和 IT 集成的平衡效应和互补效应，具有以下实践意义。（1）由于 IT 重置和 IT 集成对企业 IT 吸收的促进作用，企业应在 IT 资源构建的基础上，进一步加强对 IT 资源的管理，尤其是增强企业的 IT 重置和 IT 集成能力。（2）企业通常只关注 IT 重置和 IT 集成这两种 IT 基础设施管理能力中的某一种，而忽略了另一种 IT 基础设施管理能力的重要性。本章发现 IT 重置和 IT 集成的组合策略在平衡与互补维度均正向影响 IT 吸收。

当构建 IT 基础设施管理能力时，企业管理者应同时考虑 IT 重置与 IT 集成这两种 IT 基础设施管理能力，一方面，使 IT 重置与 IT 集成的接近程度尽可能增强，以免陷入 IT 相关风险；另一方面，使 IT 重置与 IT 集成的交互程度也尽可能增强，以促进从 IT 投资中获得更大的收益。（3）IT 集成对 IT 竞争性使用的正向影响显著高于 IT 重置对 IT 竞争性使用的正向影响。这一研究结果说明，当企业资源匮乏时，在 IT 资源的基础上，企业管理者应优先考虑构建 IT 集成能力，再兼顾 IT 重置能力。

5.5.3　研究局限及未来研究方向

本章研究存在以下局限性：（1）由于获取大规模的企业样本难度较大，因此本章的样本数量较少，还有待扩充样本量，提升研究结论的可靠性；（2）可以摒弃问卷调查获取主观测量数据的方式，选取客观数据来测度企业 IT 吸收结果，规避共同方法偏差的影响；（3）企业 IT 吸收是一个长期的过程，应进一步设计纵向追踪研究来检验 IT 重置、IT 集成与企业 IT 吸收之间的关系。

上述研究局限也为未来研究指明了方向。（1）基于权变理论，未来研究可以检验情境因素（如环境不确定性、信息强度等）在 IT 重置和 IT 集成的组合策略平衡维度与互补维度与 IT 吸收关系中的调节作用，不同的情境因素可能会显示出不同的调节作用。（2）未来研究可以采用模糊集定性比较分析（fsQCA）方法进一步检验 IT 重置、IT 集成与高层管理支持等组织因素、环境动态性等环境因素的组态对企业 IT 吸收的影响。（3）未来研究可以从 IT 能力的其他细分方式入手，如基于 IT 战略双元管理能力视角，探究 IT 探索与 IT 利用的组合策略平衡维度与互补维度对 IT 吸收的影响。

第 6 章

CEO 支持驱动的企业敏捷性模型研究

6.1 引　　言

受传统经济学的影响，企业竞争力被认为可以通过包括财务数据在内的运作成本指标反映出来。但近年来，随着竞争环境的日趋加剧，许多学者对此观点提出了挑战，认为衡量企业竞争力应至少包括两个重要的指标：运作成本和敏捷性（Kristal M et al.，2010）。研究结果表明，企业管理者不应总是关注运作成本，过于重视现有收益而忽视长远收益，往往会使决策结果存在一定的偏差（孙新波等，2019）。因此，在运作成本之外，企业还应考虑敏捷性，从而做出对企业有利的决策。企业敏捷性是指企业利用内部业务流程，快速处理各种不确定性，响应市场需求变化的能力（Mao H et al.，2023）。拥有更高敏捷性的企业更容易获得竞争优势（Mao H et al.，2024）。由于同时具备感知性和反应性这两大敏捷性特征，企业敏捷性已经成为企业高层所关注的焦点（Luftman J & Barry D，2012）。尽管现有研究已经从理论层面上指出了企业敏捷性能提高其竞争优势，但是对企业敏捷性的成因仍缺乏深入的探究。理解企业敏捷性的成因是企业增强这种竞争力的先决条件，因此，本章通过探讨企业敏捷性的成因，为企业增强这种竞争力奠定基础。

随着数字经济的深入推进，IT 已经嵌入企业的各项工作之中，企业的运作流程也越来越依赖于 IT（Liu S & Wang L，2016；迟嘉昱等，2012；武素明和丁秀好，2021），因此，除了运作战略、知识能力和环境因素等角度（Mao H et al.，2015；Swafford P M et al.，2006；Narayanan S et al.，2015）

之外，运作领域的学者也试图从 IT 的角度探讨企业敏捷性的成因。例如，沃尔玛和家乐福均是规模较大的服务型企业，具有较高的知名度。沃尔玛通过构建卫星和 IT 中心，拥有较强的 IT 与数据处理能力，而家乐福则缺少先进的信息系统为其供应链网络贡献需求数据。虽然这两家企业在 IT 资源构建上差异较大，但是沃尔玛和家乐福都因为企业敏捷性，在中国取得了成功，这两家企业在如何运用 IT 资源来驱动企业敏捷性方面呈现出较大的不同（Chuang M et al.，2011）。因此，本章认为有必要进一步厘清如何运用 IT 资源来驱动企业敏捷性，从而为增强企业敏捷性提供 IT 方面的决策支持。

基于 IT 资源的角度，探讨企业敏捷性的成因，已经被证实具有较好的解释效度（Fink L & Neumann S，2007；朱镇和张伟，2014；周宇等，2015；吴晓云和陈鹏飞，2015；Raschke R L，2010；Roberts N & Grover V，2012；Allen B R & Boynton A C，1991；Seo D B & La Paz A I，2008）。但是，目前关于 IT 资源对企业敏捷性影响的研究还存在一些值得探讨之处。（1）相关研究并未对不同类型的 IT 资源进行区分，导致企业无法采取合适的 IT 战略来部署不同类型的 IT 资源增强企业敏捷性（Lu Y & Ramamurthy K，2011；Mao H et al.，2015）。例如，有学者认为，IT 基础设施资源、IT 业务跨越能力和 IT 创新能力都是 IT 资源的一部分，并且这种集成的 IT 资源能够显著影响企业敏捷性（Lu Y & Ramamurthy K，2011），但是企业仍不清楚应采取何种合适的 IT 战略来部署 IT 基础设施资源、IT 业务跨越能力和 IT 创新能力以增强企业敏捷性。（2）IT 基础设施资源是否能提高企业敏捷性是存在争议的。以往文献按研究结论可以分为三类：第一类认为 IT 基础设施资源能促进企业敏捷性（Lu Y & Ramamurthy K，2011）；第二类认为 IT 基础设施资源能抑制企业敏捷性（Rettig C，2007）；第三类认为 IT 基础设施资源对企业敏捷性的影响比较复杂，表现为既有促进作用又有抑制作用（Oosterhout V M et al.，2006）。（3）虽然高层管理支持在信息系统研究中也被当作一种 IT 相关资源，但是并没有实证研究对高层管理支持与企业敏捷性的关系进行验证。如有学者认为高层管理支持通过供应商集成和客户集成对企业竞争力产生显著影响（Xu D et al.，2014），但是此企业竞争力所关注的仅仅包括基于运作成本的测量指标，并不包括基于企业敏捷性的测量指标。

以上研究成果既为本章奠定了坚实的理论基础，又为本章留下了以下研究空间。

（1）本章对不同类型的 IT 资源进行了区分，并沿着"高阶特征—IT 战略选择—企业敏捷性"的研究框架，从高阶特征与 IT 战略选择出发，探讨企业敏捷性的成因，进一步丰富 IT 资源对企业敏捷性影响的研究。其中，在高阶特征方面，本章选择 CEO 支持这一高层管理支持作为本章的高阶认知基础，CEO 支持是指企业 CEO 对 IT 实践的支持程度以及 CEO 与 IT 部门的亲密程度（Earl M J & Feeny D F，2000；Law C C H & Ngai E W T，2007；Stemberger M I et al.，2011）。企业 CEO 通常被认为具有对 IT 部门的 IT 实践活动进行评估和指导的责任，正是由于 CEO 支持的重要性，本章把 CEO 支持这一高层管理支持作为所要研究的高阶认知基础。在 IT 战略选择方面，根据 IS 领域先前研究（Armstrong C P & Sambamurthy V，1999）的观点，IT 基础设施资源与 IT 基础设施管理能力通常被认为是重要的 IT 战略选择。其中，IT 基础设施资源是指企业拥有信息系统平台和数据库的充裕程度（Ross J W et al.，1996；毛弘毅和张金隆，2014）。在 IT 基础设施管理能力方面，选取 IT 重置和 IT 集成，作为两种关键的 IT 基础设施管理能力。在以往的信息系统文献中，巴德汉等（Bardhan I et al.，2010）指出共有五种不同类型的 IT 动态流程，可以用来有效管理 IT 基础设施资源。IT 重置流程能通过重新组合现有的企业资源，应对企业环境的变化；IT 集成流程通过系统交互模式的开发，支持运作能力新组合的实施；IT 感知流程有助于企业管理人员理解企业的业务需求和运作环境，识别企业发展的机遇；IT 学习流程鼓励企业形成创新性气氛，通过企业知识创新，提高企业的服务水平；IT 协调能力帮助配置资源和服务、分配任务和协调活动。萨拉夫等（Saraf N et al.，2007）进一步指出，在这五种类型的 IT 动态流程中，IT 重置和 IT 集成具有类似于灵活性与效率之间的关系，对企业绩效的影响尤为关键。因此，本章同时选取 IT 重置和 IT 集成作为 IT 基础设施管理能力。其中，IT 重置是指企业对 IT 基础设施资源进行模块化和配以标准化接口，扩展和重组 IT 基础设施资源的能力（Rai A & Tang X，2010）。IT 集成是指企业集成企业内不同硬件平台、通信技术和应用程序的能力（Rai A & Tang X，2010）。虽然根据格兰特（Grant R M，1991）的观点，IT 基础设施资源与 IT 基础设施管理能力有着本质的不同，即 IT 基础设施资源是非竞争性资源，而 IT 基础设施管理能力是难以被竞争对手所模仿的竞争性资源，但企业通常需要 IT 基础设施资源与 IT 基础设施管理能力的有效组合，才能获取 IT 商业价值（Melville N et al.，2004）。因此，本章同时选取 IT 基础设施资源与 IT 基础设施管理能力作为所要研究的 IT 战略选择。通过以上分析，引入本章的第一个研究问题：探讨 CEO 支持这一高层管理支持是否通过 IT 基础设施资源与 IT 基础设施管理能力影响企业敏捷性。对于这一研究问题的探究，不仅对 CEO 支持、IT 基础设施资源与 IT 基础设施管理能力这些不同类型的 IT 资源进行了区分，而且进一步验证了 IT 基础设施资源与企业敏捷性的关系，从而使得企业更有针对性地构建 IT 资源部署策略增强企业敏捷性。

（2）根据阿拉尔和威尔（Aral S & Weill P，2007）的观点，IT 基础设施资源与 IT 基础设施管理能力在影响企业敏捷性时，影响程度存在差异。因此，引入本章的第二个研究问题：比较 IT 基础设施资源与 IT 基础设施管理能力对企业敏捷性的相对影响程度，并通过相对影响程度的比较更全面地探讨 IT 资源对企业敏捷性的作用。

6.2　理论基础与研究假设

6.2.1　高阶理论

高阶理论认为，企业高层管理者能对其所在的企业环境给出具有其个性化特征的解释，并根据该解释做出具有战略性特征的企业行为（Hambrick D C & Mason P A，1984）。在该企业行为中，企业高层管理会表现出其所特有的认知、经验、价值观及背景等特征（Hambrick D C，2007）。企业高层管理者作为企业的代理人，其所做出的具有战略性特征的企业行为对企业竞争力至关重要。高阶理论近年来在信息系统领域被广泛应用（郭晓川等，2024；于淼等，2024；余艳等，2024）。故本章也沿用该理论，来探讨 CEO 支持通过 IT 基础设施资源与 IT 基础设施管理能力对企业敏捷性的影响。高阶理论的主要观点是高阶特征通过企业战略选择对企业竞争力产生影响。在本章中，作为高阶认知的基础，CEO 支持被认为是企业高层管理者在 IT 领域的重要特征，IT 战略选择则代表战略选择在 IT 领域的表现形式，根据高阶理论，本章认为存在"高阶特征—IT 战略选择—企业敏捷性"这一影响过程。考虑到 IT 基础设施资源与 IT 基础设施管理能力是截然不同的两类 IT 战略选择，本章依据"高阶特征—IT 战略选择—企业敏捷性"这一影响过程，探讨 CEO 支持是否能通过 IT 基础设施资源与 IT 基础设施管理能力对企业敏捷性产生影响。

6.2.2　IT 战略选择的中介作用

在研究 IT 战略选择在 CEO 支持与企业敏捷性关系中所起的中介作用之前，本章先探讨 CEO 支持对 IT 战略选择的影响以及 IT 战略选择对企业敏捷性的影响。

（1）CEO 支持对 IT 战略选择的影响。CEO 支持反映了企业 CEO 对 IT 战略选择的高度重视（Wade M & Hulland J，2004；Gao P et al.，2019）。当 CEO 支持程度较强时，IT 员工会认为企业支持也较强，其所感知到的组织支持感会对 IT 员工的心理状态产生显著影响，此时 IT 人员会感知到企业给予的关心和尊重，情感性承诺也会有所增加（Eisenberger R et al.，1986；Eisenberger R et al.，1997），IT 员工会更有动力和激情促进 IT 基础设施资源改善和 IT 基础设施管理能力提高。具体而言，当企业 CEO 认为 IT 基础设施资源是企业重要的战略资源时，其通常会对 IT 基础设施进行持续性的投入，改变因为 IT 基础设施资源的缺少而导致在市场竞争中企业所处的不利地位。有学者提出，如果企业 CEO 对 IT 效用持积极态度，那么企业同时会作出更有效的管理决策来对 IT 基础设施资源进行管理（Liang H et al.，2007）。当企业 CEO 支持程度比较高时，企业会更倾向于对 IT 员工进行培训，获取企业的业务知识，通过与高层管理形成关于 IT 实践的一致性理解，提高业务战略与 IT 战略的集成，重置和集成这些 IT 技术架构，服务于企业的战略目标。

（2）IT 战略选择对企业敏捷性的影响：IT 基础设施资源为企业提供了强有力的技术基础。良好的 IT 架构保证了企业信息共享与协同运作，从而加快管理决策的制定与实施过程。比如，沃尔玛数据中心通过卫星系统会开展企业外部市场环境的监测，从而能及时了解客户和供应商的需求变化，确保了企业通过在供应链上的有效信息传递，迅速调整企业的管理决策（Lu Y & Ramamurthy K，2011）。此外，良好的 IT 架构还能通过知识管理系统、决策支持系统、云服务系统等搭建知识服务平台，扩展企业知识的覆盖范围，使得企业更好地研发符合客户需求的新型产品或服务（Joshi K D et al.，

2010；Roberts N & Grover V，2012）。

IT 重置，又被称为 IT 灵活性（Byrd T A & Turner D E，2000），是在模块化系统的基础上建立的。IT 重置利用模块化组分和标准化接口等措施（Allen B R & Boynton A C，1991），通过降低 IT 基础设施资源的专属性，减少企业因支持业务需求而重置 IT 基础设施所付出的努力，使得企业以更快的速度配置出合适的应用程序，以应对企业环境变化的需要，提高企业敏捷性。另外，集成化的 IT 基础设施架构通过兼容的 IT 架构（Yang J & Papazoglou M P，2000），保证企业内不同的硬件平台、通信技术和应用程序互联互通，各部门能更有效地共享信息和协同运作（Barua A et al.，2004）。此时，IT 业务跨越能力增强，IT 系统会把市场和采购等业务部门的信息精准地反馈给制造部门，最终通过调整业务流程，使企业拥有更好的敏捷性。总之，无论是 IT 重置，还是 IT 集成，这些 IT 基础设施管理能力都能使企业拥有更好的柔性。

（3）IT 战略选择的中介作用。以上关于 CEO 支持对 IT 战略选择的影响以及 IT 战略选择对企业敏捷性的影响的讨论显示，IT 基础设施资源与 IT 基础设施管理能力在 CEO 支持和企业敏捷性的关系中起中介作用。这一中介作用与本章根据高阶理论所提出的"高阶特征—IT 战略选择—企业敏捷性"的理论框架是一致的。此中介作用的推理逻辑如下：虽然 CEO 支持会对企业敏捷性产生正向显著影响，但是企业需拥有较好的 IT 基础设施资源与 IT 基础设施管理能力，才有可能避免 IT 流程的固化，使得企业充分挖掘 CEO 支持的潜力，获取足够多的信息并感知环境的变化，促进企业敏捷性的提升。也就是说，IT 基础设施资源与 IT 基础设施管理能力能利用 CEO 支持的优势，扩展其深度和广度，使得企业敏捷性的前沿面得以提高。因此，本章提出以下假设。

H6 - 1：IT 基础设施资源在 CEO 支持与企业敏捷性的关系中起中介作用。

H6 - 2：IT 基础设施管理能力在 CEO 支持与企业敏捷性的关系中起中介作用。

6.2.3　IT 战略选择的相对影响程度比较

虽然 IT 基础设施资源与 IT 基础设施管理能力均是企业重要的 IT 战略

选择，但是两者有着本质的不同，IT 基础设施资源侧重于基于 IT 架构的"硬"资源，而 IT 基础设施管理能力则侧重于 IT 员工的"软"资源（Mao H et al.，2016）。随着 IT 标准的制定与 IT 贯标体系的普及，IT 基础设施资源会像商品一样通过市场获得，易于被竞争对手所模仿。而 IT 基础设施管理能力通常具有黏性，需要 IT 员工对企业业务有足够了解，因此，企业需花费较长的时间才能提升（Bhatt G D & Grover V，2005），开发出合适的信息系统以满足业务需求的变化。因此，与 IT 基础设施资源相比，IT 基础设施管理能力日益成为竞争性资源。因此，本章提出以下假设。

H6 - 3：IT 基础设施资源对企业敏捷性的正向影响显著低于 IT 基础设施管理能力对企业敏捷性的正向影响。

综上所述，CEO 支持驱动的企业敏捷性模型如图 6 - 1 所示。

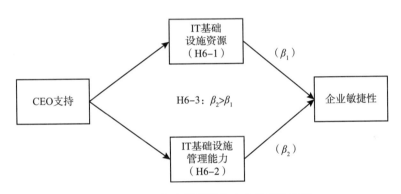

图 6 - 1　CEO 支持驱动的企业敏捷性模型

6.3　研 究 方 法

6.3.1　研究对象

本章的调查对象来自不同行业，分别从北美信息周刊前五百强、欧洲前一百强和亚洲前五百强企业中随机选取，最终确定在 220 家企业中展开调查。在调查过程中，课题组成员通过电话与这些企业的 IT 主管和业务主管联系，其中，IT 主管负责回答 CEO 支持、IT 基础设施资源、IT 重置和 IT

集成等 IT 相关测度项，业务主管负责回答企业敏捷性等运作相关测度项，对他们发放了纸质调研问卷并收回，在收回调研问卷的基础上，进一步删除包括漏填或者少填在内的无效调研问卷，最终确定有效样本数为 112 个，问卷有效率为 50.91%。该样本的描述性统计特征如下：汽车行业企业 11 个，占 9.82%，银行和金融服务业企业 8 个，占 7.14%，制药业企业 9 个，占 8.04%，消费品行业企业 12 个，占 10.71%，电子行业企业 7 个，占 6.25%，信息技术行业企业 10 个，占 8.93%，制造业企业 12 个，占 10.71%，零售业企业 11 个，占 9.82%，通信业企业 8 个，占 7.14%，物流运输业企业 6 个，占 5.36%，能源业企业 5 个，占 4.46%，其他行业企业 13 个，占 11.61%；存续年限在 20 年以下的企业为 19 个，占 16.96%，21～40 年的企业为 37 个，占 33.04%，41～60 年的企业为 13 个，占 11.61%，61～100 年的企业为 21 个，占 18.75%，100 年以上的企业为 22 个，占 19.64%；员工数在 1 万人以下的企业为 20 个，占 17.86%，1 万至 5 万人的企业为 46 个，占 41.07%，5 万～10 万人的企业为 20 个，占 17.86%，10 万人以上的企业为 26 个，占 23.21%。

6.3.2　研究工具

本章调研问卷的所有变量均参照信息系统与运作管理领域相关的研究文献，使用基于 7 分制的 Likert 量表打分。本章对位于中国和法国 22 家企业进行了预调查，并根据信息系统领域、运作管理领域专家提出的建议，修正了调研问卷，以保证该调研问卷的可靠性，修正后的研究变量测度项见表 6-1。

表 6-1　　　　　　　　　　　研究变量的测度项

变量	测度项	测量题目	参考文献
CEO 支持（CS）	CS1	CEO 借助于 IT 来进行业务运作	Earl M J & Feeny D F, 2000; Law C C H & Ngai E W T, 2007; Stemberger M I et al., 2011
	CS2	CEO 对 IT 项目持支持态度	
	CS3	CEO 与 CIO 等 IT 主管关系很密切	

续表

变量		测度项	测量题目	参考文献
IT 基础设施资源（ITIR）		ITIR1	企业拥有充足的信息技术设备	Lu Y & Ramamurthy K, 2011；Ross J W et al., 1996；毛弘毅和张金隆, 2014
		ITIR2	企业拥有能满足需求的 IT 应用服务质量	
		ITIR3	企业能有效使用 IT 管理设施与 IT 服务设施来管理业务部门	
IT 基础设施管理能力（ITC）	IT 重新配置（ITR）	ITR1	IT 平台能够很容易地适应新的业务部门	Saraf N et al., 2007；Rai A & Tang X, 2010
		ITR2	IT 平台能够很容易地与新的应用或者功能融合	
		ITR3	IT 平台采用能被大多数现有和潜在业务伙伴所接受的 IT 服务标准	
		ITR4	IT 平台由许多能够被其他企业应用程序重复使用的软件模块所组成	
	IT 集成（ITI）	ITI1	企业使用 IT 来集成业务流程（如开发、购买）中的活动	Saraf N et al., 2007；Rai A & Tang X, 2010
		ITI2	IT 允许我们很容易地集成可以接触到的数据（如客户、生产、营销）	
		ITI3	所有的业务系统都可以无缝连接	
		ITI4	我们的企业在 IT 的帮助下，有能力与业务部门交互实时信息	
企业敏捷性（EA）		EA1	无论需求何时出现，企业都能快速满足客户特定的需求	Lu Y & Ramamurthy K, 2011
		EA2	企业能调整生产或者服务的水平来应对需求的变化	
		EA3	对于供应中出现的中断情况，企业能快速作出其他的安排和进行必要的调整	

然而，因为 CEO 支持、IT 基础设施资源、IT 重置和 IT 集成等 IT 相关测度项均是由同一 IT 主管回答，这有可能会导致样本受到共同方法偏差的影响，因此，本章根据 IS 领域研究学者（Liang H et al., 2007）建议的把共同方法因子引入研究模型的方法，来检验共同方法偏差是否显著。

表 6 - 2 中，检验结果显示，测度项在方法因子上的载荷方差平均值为
0.000，远低于其所属变量上的载荷方差平均值 0.721，因此，该调研样本
不受共同方法偏差的影响。

表 6 - 2 共同方法偏差检验

变量	测量项	所属因子载荷（R_1）	R_1^2	共同方法因子载荷（R_2）	R_2^2
CEO 支持	CS1	0.829 ***	0.687	0.044	0.002
	CS2	0.950 ***	0.903	− 0.072	0.005
	CS3	0.761 ***	0.579	0.033	0.001
IT 基础设施资源	ITIR1	0.928 ***	0.861	− 0.110	0.012
	ITIR2	0.697 ***	0.486	0.158 *	0.025
	ITIR3	0.846 ***	0.716	− 0.040	0.002
IT 重置	ITR1	1.074 ***	1.153	− 0.226 **	0.051
	ITR2	0.714 ***	0.510	0.156	0.024
	ITR3	0.837 ***	0.701	0.022	0.000
	ITR4	0.816 ***	0.666	0.061	0.004
IT 集成	ITI1	0.834 ***	0.696	0.045	0.002
	ITI2	0.916 ***	0.839	− 0.050	0.003
	ITI3	0.940 ***	0.884	− 0.105	0.011
	ITI4	0.749 ***	0.561	0.111	0.012
平均值		0.849	0.721	0.002	0.000

注：* 表示 $p < 0.05$，** 表示 $p < 0.01$，*** 表示 $p < 0.001$。

对于控制变量，研究选取 IT 外包经验、IT 规模、所属行业以及所属地
区等 IT 特征和企业特征作为重要的控制变量。将 IT 外包经验作为虚拟变
量，IT 部门被外包设为"1"，没有被外包设为"0"；IT 规模为 IT 部门员工
占企业全体员工的比例；所属行业分为汽车行业、银行和金融服务业、制药
业、消费者产品行业、电子行业、信息技术行业、制造业、零售业、通信
业、物流运输业、能源业和其他行业 12 个类别；所属地区分为亚洲、欧洲、
北美 3 个类别。

6.3.3　统计分析

本章的研究模型采用 SmartPLS2.0 和 SPSS17.0 等软件进行统计分析。首先，进行验证性因子分析，测度和检验此研究模型的信度和效度。其次，根据巴伦和肯尼（Baron R M & Kenny D A，1986）的分析步骤，进行 IT 基础设施资源与 IT 基础设施管理能力的中介效应检验。最后，采用科恩等（Cohen J et al.，2003）给出的方法，分析比较 IT 基础设施资源与 IT 基础设施管理能力对企业敏捷性的相对影响。

6.4　数据分析与结果

6.4.1　信度和效度检验

本章也沿用 PLS 方法来测度和检验此研究模型的信度和效度，其原因主要有以下两点。（1）本章仅有 112 家企业样本，样本量相对较小，而相比于其他方法，PLS 在小样本的情况下就能获取比较理想的结果。（2）近年来，偏最小二乘（PLS）方法已经被广泛用于信息系统领域的研究（朱镇和赵晶，2011；曹忠鹏，2010；邓朝华等，2008），其在检验研究模型的信度和效度方面取得了较好的应用效果。

按照彼得等（Petter S et al.，2007）给出的变量划分标准，该章中所有研究变量均为反映性变量。其中 CEO 支持、IT 基础设施资源、企业敏捷性均为一阶变量，IT 基础设施管理能力为二阶变量，并且 IT 重置和 IT 集成是 IT 基础设施管理能力的一阶变量，且二阶变量对 IT 基础设施管理能力也是反映性变量。

本章采用变量分项对总项的相关系数、因子抽取平均方差（AVE）和综合信度系数（CR）来检验内部一致性以及收敛效度。变量分项对总项的相关系数如表 6-3 和表 6-4 所示。其中，无论对于一阶变量还是二阶变量，其分项到总项的相关系数均大于 0.7，每个测度项与所属变量的相关系数大于该测度项与其他变量的相关系数，并且该差值大于 0.1。

表 6 - 3　　　　　　　　　二阶变量分项对总项的相关系数

分项	CS	ITIR	ITC	EA
ITR	0. 38	0. 18	0. 85	0. 52
ITI	0. 24	0. 45	0. 84	0. 54

表 6 - 4　　　　　　　　　一阶变量分项对总项的相关系数

分项	CS	ITIR	ITR	ITI	EA
CS1	0. 86	0. 28	0. 42	0. 19	0. 46
CS2	0. 90	0. 33	0. 30	0. 16	0. 39
CS3	0. 78	0. 28	0. 25	0. 27	0. 28
ITIR1	0. 25	0. 85	0. 11	0. 30	0. 37
ITIR2	0. 36	0. 82	0. 18	0. 46	0. 35
ITIR3	0. 24	0. 80	0. 15	0. 33	0. 33
ITR1	0. 30	0. 02	0. 89	0. 30	0. 42
ITR2	0. 36	0. 23	0. 83	0. 43	0. 39
ITR3	0. 34	0. 12	0. 86	0. 40	0. 48
ITR4	0. 33	0. 25	0. 87	0. 38	0. 51
ITI1	0. 28	0. 42	0. 36	0. 87	0. 40
ITI2	0. 23	0. 33	0. 37	0. 88	0. 49
ITI3	0. 06	0. 36	0. 39	0. 85	0. 48
ITI4	0. 25	0. 42	0. 40	0. 85	0. 47
EA1	0. 48	0. 39	0. 49	0. 54	0. 85
EA2	0. 31	0. 38	0. 34	0. 49	0. 81
EA3	0. 25	0. 22	0. 44	0. 20	0. 74

　　变量的综合信度系数、因子抽取平均方差以及变量之间的相关系数如表 6 - 5 所示。其中，Cronbach's α 值和综合信度系数（CR）均大于 0. 7，因子抽取平均方差值（AVE）均大于 0. 5。上述数据检验结果显示测量模型具有良好的内部一致性和收敛效度。同时，所有变量之间相关系数均小于变量的因子抽取平均方差值（AVE）的平方根，满足区别效度的检验要求，该数

据检验结果说明测量模型具有良好的区别效度。

表 6－5　　　　　　　　变量的信度系数和相关系数

变量	CR	Cronbach's α	AVE	CS	ITIR	ITR	ITI	EA
CS	0.89	0.80	0.72	0.85				
ITIR	0.86	0.77	0.68	0.35	0.82			
ITR	0.92	0.89	0.74	0.39	0.18	0.86		
ITI	0.92	0.88	0.74	0.24	0.45	0.44	0.86	
EA	0.84	0.73	0.65	0.45	0.42	0.53	0.54	0.81

注：CS＝CEO 支持，ITIR＝IT 基础设施资源，ITR＝IT 重置，ITI＝IT 集成，EA＝企业敏捷性。

6.4.2　假设检验

本章遵循巴伦和肯尼（Baron R M & Kenny D A，1986）的分析步骤，检验 IT 基础设施资源与 IT 基础设施管理能力是否中介 CEO 支持与企业敏捷性之间的关系。本章构建的回归模型，旨在检验控制变量、自变量和中介变量的作用，如表 6－6 所示。

表 6－6　IT 基础设施资源和 IT 基础设施管理能力的中介效应分析结果

变量	IT 基础设施资源		IT 基础设施管理能力		企业敏捷性			
	模型 6－1	模型 6－2	模型 6－3	模型 6－4	模型 6－5	模型 6－6	模型 6－7	模型 6－8
控制变量								
IT 外包经验	－0.011	－0.014	－0.006	－0.009	0.097	0.093	0.102	0.100
IT 规模	0.106	0.099	0.145	0.137	0.079	0.070	－0.016	－0.010
所属行业	－0.035	0.002	－0.152	－0.114	0.042	0.084	0.126	0.136
所属地区	－0.009	－0.067	0.081	0.022	0.336 ***	0.272 **	0.297 ***	0.273 ***
主效应								
CEO 支持		0.337 ***		0.343 ***		0.378 ***		0.163 *
IT 基础设施资源							0.202 *	0.167 *

变量	IT 基础设施资源		IT 基础设施管理能力		企业敏捷性			
	模型 6 - 1	模型 6 - 2	模型 6 - 3	模型 6 - 4	模型 6 - 5	模型 6 - 6	模型 6 - 7	模型 6 - 8
IT 基础设施管理能力							0.505 ***	0.465 ***
R^2	0.013	0.122	0.057	0.170	0.130	0.267	0.501	0.523
ΔR^2	0.013	0.109	0.057	0.113	0.130	0.137	0.371	0.256
F 值	0.356	2.933 *	1.620	4.334 ***	4.003 **	7.734 ***	17.604 ***	16.280 ***

注：样本量为112，* 表示 $p < 0.05$，** 表示 $p < 0.01$，*** 表示 $p < 0.001$。

模型 6 - 1 与模型 6 - 2 分别检验控制变量、CEO 支持对 IT 基础设施资源的影响。

模型 6 - 3 与模型 6 - 4 分别检验控制变量、CEO 支持对 IT 基础设施管理能力的影响。

模型 6 - 5、模型 6 - 6 和模型 6 - 7 分别检验控制变量、CEO 支持、IT 基础设施资源、IT 基础设施管理能力对企业敏捷性的影响。

模型 6 - 8 检验 IT 基础设施资源与 IT 基础设施管理能力的中介效应。

在表 6 - 6 中，层次回归分析的检验结果主要包括标准化的路径系数、解释的方差值、方差的渐变值和 F 值。

在模型 6 - 1 中，IT 外包经验（$\beta = -0.011$，$p > 0.05$）、IT 规模（$\beta = 0.106$，$p > 0.05$）、所属行业（$\beta = -0.035$，$p > 0.05$）和所属地区（$\beta = -0.009$，$p > 0.05$）对 IT 基础设施资源均无显著的影响。此结果说明，无论企业的 IT 服务是否被外包，或者 IT 部门规模大小，还是所属行业和地区不同，企业的 IT 基础设施资源均没有太大差别。在模型 6 - 2 中，检验结果发现，CEO 支持（$\beta = 0.447$，$p < 0.001$）对 IT 基础设施资源有显著的正向影响。该模型解释了 IT 基础设施资源 12.2% 的方差值。在模型 6 - 3 中，IT 外包经验（$\beta = -0.009$，$p > 0.05$）、IT 规模（$\beta = 0.137$，$p > 0.05$）、所属行业（$\beta = -0.114$，$p > 0.05$）和所属地区（$\beta = 0.022$，$p > 0.05$）对 IT 基础设施管理能力均无显著的影响。此结果说明，无论企业的 IT 服务是否被外包，或者 IT 部门规模大小，还是所属行业和地区不同，企业的 IT 基础设施管理能力也没有太大差别。在模型 6 - 4 中，检验结果发现，CEO 支持

（β = 0.343，p < 0.001）对 IT 基础设施管理能力也有显著的正向影响。该模型解释了 IT 基础设施管理能力 17.0% 的方差值。模型 6 - 5 表明，IT 外包经验（β = 0.097，p > 0.05）、IT 规模（β = 0.079，p > 0.05）和所属行业（β = 0.042，p > 0.05）对企业敏捷性均无显著的影响，而所属地区（β = 0.336，p < 0.001）对企业敏捷性有显著影响。此结果说明，无论企业的 IT 服务是否被外包，或者 IT 部门年龄大小，还是所属行业的不同，企业敏捷性同样没有太大差别，而企业敏捷性则会随着所属地区的差异而呈现不同。在模型 6 - 6 中，检验结果发现，CEO 支持（β = 0.378，p < 0.001）对企业敏捷性有显著的正向影响。在模型 6 - 7 中，IT 基础设施资源（β = 0.202，p < 0.05）与 IT 基础设施管理能力（β = 0.505，p < 0.001）对企业敏捷性都有显著的正向影响。上述研究结果说明，CEO 支持能显著影响 IT 基础设施资源与 IT 基础设施管理能力，而 IT 基础设施资源与 IT 基础设施管理能力又能显著影响企业敏捷性。另外，通过模型 6 - 8 还可以发现，虽然 CEO 支持（β = 0.163，p < 0.05）对敏捷性的正向影响仍显著，但是，与模型 6 - 6 相比，此正向影响被极大减弱，这说明，IT 基础设施资源与 IT 基础设施管理能力在 CEO 支持和企业敏捷性之间关系中起部分中介效应，即研究假设 H6 - 1 和假设 H6 - 2 成立。

　　本章同时采用 Bootstrapping 方法进一步检验 IT 基础设施资源与 IT 基础设施管理能力的中介效应。检验结果表明，CEO 支持经由 IT 基础设施资源影响企业敏捷性的间接效应为 0.060，95% 的置信区间为 [0.003，0.134]，不包含零点。因此，CEO 支持经由 IT 基础设施资源影响敏捷性的间接效应显著，研究假设 H6 - 1 得到了进一步的验证。CEO 支持经由 IT 基础设施管理能力影响敏捷性的间接效应为 0.171，95% 的置信区间为 [0.079，0.291]，不包含零点。因此，CEO 支持经由 IT 基础设施管理能力影响敏捷性的间接效应显著，研究假设 H6 - 2 也得到了进一步的验证。

　　本章还通过模型 6 - 7 发现 IT 基础设施资源对企业敏捷性的正向影响似乎低于 IT 基础设施管理能力对企业敏捷性的正向影响。对于这一发现，本章遵循科恩等（Cohen J et al.，2003）所提出的方法，根据 T 检验结果比较这两个路径系数。该方法在先前的信息系统领域的研究（刘敏等，2015；Liu S & Deng Z，2015）中得到了广泛使用，并取得了较好的应用效果，检验公式为：

$$t = \frac{\beta_i - \beta_j}{\sqrt{\frac{1 - R_Y^2}{n - k - 1} \times (r^{ii} + r^{jj} + 2r^{ij})}}$$

在上述公式中，n 是样本值，k 是解释变量的个数，β_i 和 β_j 是解释变量 i 和 j 的路径系数值，r^{ij} 是转置关系矩阵的元素，R_Y^2 是因变量 Y 的 R^2。此 T 检验结果（T = 3.64）也说明 IT 基础设施资源对企业敏捷性的正向影响显著低于 IT 基础设施管理能力对企业敏捷性的正向影响，即研究假设 H6 - 3 成立。

6.5　研究分析与结论

本章旨在构建 CEO 支持驱动的企业敏捷性模型，重点关注 IT 基础设施资源与 IT 基础设施管理能力在 CEO 支持与企业敏捷性关系中所起的中介作用。研究结论如下：（1）IT 基础设施资源与 IT 基础设施管理能力在 CEO 支持和企业敏捷性的关系中起部分中介作用；（2）IT 基础设施资源对企业敏捷性的正向影响显著低于 IT 基础设施管理能力对企业敏捷性的正向影响。总之，本章提出的所有研究假设均得到了较好的验证。

6.5.1　理论意义

（1）尽管以往的研究（Shao Z et al.，2016；邵真等，2015，2017）均认为高层管理支持是企业竞争力的重要前因变量这一认知得到了广泛的认同，但在企业敏捷性领域，关于高层管理支持与企业敏捷性之间的关系并未获得充分的关注。本章针对此研究问题，初步探索 CEO 支持这一高层管理支持对企业敏捷性的影响，对当前企业敏捷性领域研究而言，是相当有益的拓展和补充。研究结果拓展了企业敏捷性前因变量的范围，显示了 CEO 支持这一高层管理支持对于企业敏捷性的重要意义，从而揭示未来的研究应在探讨企业敏捷性前因变量时，把高层管理支持作为重要的前因变量予以考虑。

（2）本章基于高阶理论，从IT基础设施资源与IT基础设施管理能力这些IT战略选择出发，探索CEO支持对企业敏捷性的影响过程。以往研究在探讨IT资源对企业敏捷性的影响时，较少区分不同类型的IT资源对企业敏捷性的影响。本章发现，CEO支持通过IT基础设施资源和IT基础设施管理能力对企业敏捷性产生影响。此研究结论打开了CEO支持对企业敏捷性的影响过程这一"黑箱"，揭示了CEO支持这一高层管理支持对企业敏捷性的根源性驱动作用，为解释高层管理支持与企业敏捷性之间关系的内在机制提供了较好的理论视角。

（3）以往对于IT基础设施资源是否对企业敏捷性产生影响这一研究结论存在争议，本章的研究结果说明，IT基础设施资源能显著增强企业敏捷性，因而进一步验证了IT基础设施资源与企业敏捷性之间的关系。

（4）本章还发现，IT基础设施资源管理能力对企业敏捷性的影响显著高于IT基础设施资源对企业敏捷性的影响。因此，CIO等IT主管应在IT基础设施资源构建的基础上，进一步考虑IT重置和IT集成的构建，增强企业敏捷性。

总之，本章的研究结果证实了IT资源对企业敏捷性具有较强的解释效力，发现了IT基础设施资源和IT基础设施管理能力在CEO支持与企业敏捷性关系中起部分中介作用，为企业敏捷性的增强提供了IT方面的理论支持。

6.5.2　实践意义

本章剖析了企业敏捷性的成因，有以下实践意义。（1）本章的研究证实了CEO支持会增强企业敏捷性。这提示了企业管理者当需要增强其企业敏捷性时，求助于CEO进行支持往往是一种有效的方式。在认知维度上，CEO支持表现为CEO对IT活动的深入理解，坚信IT实践能增强企业敏捷性；在行为维度上，CEO支持表现为CEO会给予IT实践所需的物质、财力和人力等方面的支持，出席IT实践中的重要会议并参与讨论，营造良好的制度环境进行IT实践。（2）本章还发现了IT基础设施资源与IT基础设施管理能力的部分中介作用，说明企业敏捷性增强的重要先决条件是具有较完善的IT架构和较高的IT基础设施管理能力。鉴于此，CIO等IT主管在制定

IT 战略时，应理解 CEO 支持能促进 IT 基础设施资源与 IT 基础设施管理能力的形成，进而增强企业敏捷性。（3）本章发现，IT 基础设施资源对企业敏捷性的正向影响显著低于 IT 基础设施管理能力对企业敏捷性的正向影响，因此，IT 主管应在 IT 基础设施资源构建的基础上，重点关注 IT 基础设施管理能力的提高，加强对 IT 基础设施资源的部署，一方面使 IT 资源保持模块化，及时根据环境的变化重置各种 IT 模块；另一方面尽可能地使信息系统之间做到无缝连接，实现信息的实时交互等。

6.5.3　研究局限及未来研究方向

虽然本章对企业敏捷性的成因进行了探讨，但是本章仍然存在一些研究局限，具体如下。（1）由于企业样本收集的难度较大，本章仅选取了 112 家企业作为调查对象，企业样本较少，且企业样本地域分布较广，因而结论的可靠性还有待增强，还需要增加样本量对本章的结论进行进一步的验证。（2）由于 CEO 支持、IT 基础设施资源、IT 重置和 IT 集成等 IT 相关测度项是由同一个 IT 主管回答完成的，很容易导致研究结论受到共同方法偏差的影响，从而降低了数据的质量，未来研究可以采取一些方式来规避共同方法偏差的影响。比如，IT 相关测度项选取客观数据，以保证研究尽可能不受到共同方法偏差的影响，提高数据的质量。（3）本章的数据采用的是横截面数据，通过问卷获得，尽管在相关理论的基础上构建了 CEO 支持驱动的企业敏捷性模型，但是仍不能保证两者不存在反向的因果关系。未来研究可以采用纵向追踪研究的方法，在较长时间内获取多个时间节点的数据，进一步验证两者的因果关系。（4）本章探讨了 CEO 支持对企业敏捷性的影响，在此，CEO 支持侧重于企业 CEO 对 IT 部门的 IT 实践活动支持的程度，重点探究了 IT 基础设施资源与 IT 基础设施管理能力的中介作用。未来的研究可以在本章的基础上，探讨企业中层管理支持（比如 IT 主管支持）对企业敏捷性的影响，以丰富本章关于 IT 资源对企业敏捷性作用机制的研究。（5）本章从 IT 的角度探讨企业敏捷性的成因，但是并未考虑企业外部环境因素的调节效应。未来研究可以更多关注企业外部环境因素（如环境不确定性、环境竞争性）在 IT 资源与敏捷性的关系中所起的调节作用，使得企业可以根据不同的外部环境，采用不同的 IT 战略，从而进一步丰富企业敏捷性的成因研究。(6)虽然本章探讨了 IT 资源对企业敏捷性的影响,但是还存在包括知识资本在内的许多其他类型的资源,这些资源也会对企业敏捷性产生影响(Mao H et al.,2015)。因此,未来研究可以通过拓展资源的内涵,更全面地探究企业敏捷性的成因。

第 7 章

IT 战略匹配驱动的企业敏捷性模型研究

7.1 引 言

以往研究对 IT 战略匹配如何影响企业敏捷性存在争议。第一种观点认为 IT 战略匹配是企业内具有价值的关键 IT 能力，能促进企业敏捷性。这种观点强调企业可以通过 IT 战略与业务战略的融合机制，快速预测并解析多样的业务挑战和机会，利用 IT 支持业务流程（殷国鹏和陈禹，2007）。第二种观点认为匹配的 IT 能力可能会带来能力陷阱，抑制企业敏捷性。过去曾为企业带来竞争优势的 IT 能力，可能也会渐渐地给企业带来流程僵化等问题，以至于无法发挥 IT 的效用（Shpilberg D et al.，2007；周京梅，2018）。基于以上两种截然不同的观点，本章认为应着重探究 IT 战略匹配对企业敏捷性与企业绩效产生不同影响的边界条件。

虽然现有研究文献从 IT 战略匹配出发探究对企业敏捷性及其绩效的影响，取得了较好的研究效果，但还存在以下值得探究之处。

第一，IT 战略匹配这一关键 IT 管理能力能否提升企业敏捷性的结论并未统一（Shpilberg D et al.，2007；Tallon P P & Pinsonneault A，2011；Liang H et al.，2017）。先前文献按照关于 IT 战略匹配这一 IT 能力能否提升企业敏捷性的研究结论可分为两类：第一类证实 IT 战略匹配会抑制企业敏捷性（Shpilberg D et al.，2007）；第二类证实 IT 战略匹配促进企业敏捷性（Tallon P P & Pinsonneault A，2011）。在此，IT 战略匹配是指 IT 战略与业务战略融合的程度。IT 战略匹配作为企业敏捷性的重要前因，却一直存在着 IT 战略匹配—企业敏捷性悖论问题。根据 IS 领域以往研究的论述，IT 战略匹配与企业敏捷性的关系类似于利用与探索的关系（Tallon P P & Pinsonneault A，2011）。其中，利用是指那些致力于提升业务运作效率、加强流程控制的企业行为，强调低风险策略，以提升流程一致性、简化流程等为侧重点，优化解决方案；而探索是指那些包括致力于提出创新解决方案或者创新价值创造的企业行为，强调高风险策略，以冒险、创新与实验作为侧重点，需要不断试错并帮助企业重新设计较好的解决方案（March J G，1991）。对于利用与探索的关系，理论界存在冲突与互补两种观点（Cao Q et al.，2009；叶竹馨和买忆媛，2018）。冲突观点认为利用与探索均可以自我强化，具有不同的认知过程与路径，对宝贵的企业资源有着竞争关系（Im G & Rai A，2008）；互补观点则认为利用与探索是互补与促进的（Gupta A K et al.，2006）。同样 IT 战略匹配与企业敏捷性的关系类似于利用与探索的复杂关系，但鲜有文献在我国企业情境下对 IT 战略匹配是提升还是抑制企业敏捷性这一关系进行验证。考虑到我国企业信息化基础、条件、环境与发达国家存在较大的差距，我国企业 IT 战略匹配机制与发达国家企业势必存在差异（张延林，2014），故引出本章第一个研究问题：在中国情境下，IT 战略匹配是否会显著影响企业敏捷性，进而对企业绩效产生影响？如果会，那么 IT 战略匹配对企业敏捷性的影响是正向促进还是负向抑制？

第二，根据塞德拉等（Sedera D et al.，2016）的观点，IT 商业价值是通过不同类型的 IT 能力交互产生耦合效应实现的，但鲜有文献从 IT 基础设施管理能力出发，探究 IT 战略匹配对企业敏捷性产生影响的边界条件。如有学者虽然验证了 IT 战略匹配对企业敏捷性的影响（Liang H et al.，2017），但是并未对 IT 基础设施管理能力与 IT 战略匹配的交互效应进行检验。IT 集成是指企业 IT 组件无缝链接与业务数据实时交互的能力（Saraf N et al.，2007；Rai A & Tang X，2010），考虑到 IT 集成这一 IT 基础设施管理能力对企业获取商业价值极其重要（Rai A & Tang X，2010），并被斯沃福德等（Swafford P M et al.，2008）验证是企业敏捷性的重要前因，选取 IT 集成作为所要研究的 IT 基础设施管理能力，并引出本章的第二个研究问题：在中国情境下，IT 集成是否会调节 IT 战略匹配对企业敏捷性与企业绩效的影响，希望通过该检验，解释 IT 战略匹配—企业敏捷性悖论问题。

7.2 理论基础与研究假设

7.2.1 能力构建流程理论

在战略管理领域中，能力构建流程通常被认为是企业赢得竞争优势的重要机制（Makadok R，2001）。能力构建流程是指企业建立、集成与重置企业内外部资源获取动态能力并赢得竞争优势的一系列流程（Teece D J et al.，1997）。在该流程中，企业的低阶运作能力整合在一起形成高阶动态能力，进而帮助企业获取持续的竞争优势（Grant R M，1991；Grant R M，1996）。近年来，能力构建流程理论在信息系统领域研究文献中被广泛涉及，成果丰硕（Lee O et al.，2015）。

有学者指出，企业敏捷性是企业感知机遇与威胁，整合资源与快速实施反应行为的高阶动态能力（Sambamurthy V et al.，2003），而作为低阶运作能力，IT 能力通常被视为这一高阶动态能力的前因（Chakravarty A et al.，2013；Lu Y & Ramamurthy K，2011）。因此，笔者认为企业中存在"IT 能力—企业敏捷性—企业绩效"这一 IT 商业价值创造过程。考虑到市场绩效通过对企业销售额、销售率增长及市场份额的衡量，能有效评估客户感知到的商业价值，反映企业持久的竞争绩效（Inman R A et al.，2011），故选取市场绩效作为所研究的企业绩效。同时，鉴于 IT 战略匹配这一 IT 战略管理能力与 IT 集成这一 IT 基础设施管理能力对企业敏捷性的形成至关重要，进一步选取 IT 战略匹配作为所要研究的 IT 战略管理能力，依据能力构建流程理论，探究 IT 集成调节下 IT 战略匹配对企业敏捷性与市场绩效的影响。

7.2.2 企业敏捷性的中介效应

有学者通过开展实证研究证实 IT 主管与高管的知识共享是 IT 战略匹配实现过程中的重要前因变量，能促进 IT 主管与高管的协作，使得企业易于在战略决策制定之前感知到环境的变化（Preston D S & Karahanna E，

2009）。在此情境下，IT 主管与供应商、客户及关键的合作伙伴之间易形成稳定的关系，对环境的变化作出相应的反应。根据资源基础理论的观点，知识共享使得企业较好地理解 IT 资源的需求及 IT 资源的缺陷，从而引导高管在环境发生变化时合理部署 IT 资源，这些嵌入业务流程中的 IT 资源不仅能促进 IT 战略匹配，也能使得企业变得更敏捷（Tallon P P，2008）。此外，IT 战略匹配所引发的创新也能促使企业探索新的 IT 资源使用方式，主动根据环境的变化作出反应（He A L & Wong P K，2004）。

如 IS 领域以往研究文献（Sambamurthy V et al.，2003）所述，企业敏捷性会赋予企业更多的战略选择，根据环境变化制定相应的策略。高敏捷的企业因此拥有更多基于市场响应的选择，这些选择通常以 IT 灵活性、企业架构灵活性等的形式呈现，使得企业面临市场机遇时创新性地作出反应。拥有这些选择的企业创新速度会加快，产品需求反应速度也会加快，从而提升市场份额。

以上论述显示，IT 战略匹配能显著影响企业敏捷性，进而影响市场绩效，这意味着企业敏捷性会在 IT 战略匹配与市场绩效关系中起到中介效应。这一中介效应与本章提出的"IT 能力—企业敏捷性—企业绩效"这一研究框架是一致的。对于这一中介效应进一步的逻辑解释如下：虽然 IT 战略匹配会正向影响市场绩效，但企业需要拥有较高的敏捷性，才能充分发挥 IT 战略匹配的效用，更好地实现 IT 商业价值。利用 IT 战略匹配的优势，能提升市场绩效的有效前沿面。因此，本章提出以下假设。

H7 - 1：IT 战略匹配通过促进企业敏捷性来提升市场绩效，即企业敏捷性在 IT 战略匹配与市场绩效关系中起中介效应。

7.2.3 IT 集成的调节效应

依据有学者所提出的权变型资源基础理论（Aragon-Correa J A & Sharma S，2003），IT 战略匹配的效用会受到 IT 基础设施管理能力的影响，基于此，本章将探究 IT 集成这一 IT 基础设施管理能力是否对调节 IT 战略匹配对企业敏捷性与市场绩效的影响。

IT 集成代表企业 IT 设施与数据等的整合程度。在高 IT 集成时，企业

IT 设施各模块均会无缝链接，业务信息在企业内外部实时共享，在此情境下，IT 集成在企业敏捷性提升过程中会发挥重要作用，而 IT 战略匹配对企业敏捷性的影响将会减弱。例如，青岛酷特智能股份有限公司自主研发设计的集成程度极高的智能制造系统，使得业务人员只需要点击操作即能获取所需要的数据与信息，所有业务部门以此精准捕捉客户需求，按照客户需求进行相应的业务运作，高管对 IT 驱动的业务流程参与度极大降低（张明超等，2018；孙新波等，2019；Gao P et al.，2020）。而在低 IT 集成时，企业 IT 平台上的信息不能很顺畅地实现共享，此时，不得不依赖高管与 IT 主管的频繁互动，通过 IT 与业务战略不断地进行动态匹配来提升企业敏捷性，进而提升市场绩效。此外，IT 集成也有可能会导致企业业务流程的固化，从而降低 IT 战略匹配在企业敏捷性提升过程中的效用（Rettig C，2007）。

基于此，本章认为 IT 集成负向调节企业敏捷性的中介效应。当企业具备较高的 IT 集成时，企业往往借助集成性的 IT 平台所存储的实时业务信息，就能提升企业敏捷性，进而提升市场绩效，此时，即使通过 IT 主管与高管的互动使得企业 IT 战略与业务战略融合程度提高，也很难发挥应有的效应，企业敏捷性在 IT 战略匹配与市场绩效关系中所起的中介效应降低。因此，本章提出以下假设。

H7 - 2：IT 集成度越高，企业敏捷性在 IT 战略匹配与市场绩效之间关系中所起的中介效应越弱，存在被调节的中介效应。

根据以上论述，IT 战略匹配驱动的企业敏捷性模型如图 7 - 1 所示。

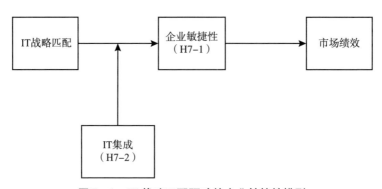

图 7 - 1　IT 战略匹配驱动的企业敏捷性模型

7.3　研　究　方　法

7.3.1　研究对象

　　为了使研究结论更具有普适性，选取电器业、非金属矿物制品业、金属制品业、汽车及汽配业、化学药品业、工业机械设备业、计算机和电子业、食品和饮料业、橡胶和塑料业、服装和纺织品业等不同行业的企业作为调研对象。在中国智能制造系统解决方案供应商联盟河南分盟、河南省工信厅与湖北省人文社科重点研究基地"现代信息管理研究中心"等机构的支持下，采用随机抽样法向中国河南、湖北等省份信息化水平较高、运用 IT 进行业务运作情形经常发生的企业发放纸质问卷 550 份。在对这些企业发放问卷前，课题组成员先与这些企业的 IT 主管和业务主管进行电话联系或者面对面访谈，询问其是否愿意参与问卷调研。其中，IT 主管需要评估 IT 战略匹配、IT 集成与 IT 年龄等的 IT 相关测量项，业务主管需要评估企业敏捷性、市场绩效与企业年龄等的企业相关测量项。之所以采用 IT 主管 – 业务主管配对数据，是为了更好地降低来自共同方法偏差的影响（Podsakoff P M & Organ D W, 1986）。从 2019 年 7 月到 2020 年 5 月，共陆续收回有效样本 147 份，问卷回收有效率为 26.73%。这些企业样本统计特征为：电器业企业 5 个，占 3.40%，非金属矿物制品业企业 14 个，占 9.52%，金属制品业企业 8 个，占 5.44%，汽车及汽配业企业 13 个，占 8.84%，化学药品业企业 5 个，占 3.40%，工业机械设备业企业 32 个，占 21.77%，计算机和电子业企业 15 个，占 10.20%，食品和饮料业企业 6 个，占 4.08%，服装和纺织品业企业 7 个，占 4.76%，混合行业企业 2 个，占 1.36%，其他行业企业 40 个，占 27.21%；存续年限在 5 年以下的企业为 26 个，占 17.69%，6～10 年的企业为 30 个，占 20.41%，11～15 年的企业为 37 个，占 25.17%，16～20 年的企业为 28 个，占 19.05%，在 20 年以上的企业为 26 个，占 17.69%；员工数在 300 人以下的企业为 66 个，占 44.90%，301～1000 人的企业为 46 个，占 31.29%，1001～5000 人的企业为 23 个，占 15.65%，5000 人以上的企业为 12 个，占 8.16%。

7.3.2 研究工具

所采用的变量测量项均来自国外成熟量表。为确保变量测量项在中国特定情境下的使用效度，采用翻译 – 回译程序对参考量表进行处理。

此外，根据对中国湖北 15 家企业预调研结果，对量表进行修正，以保证各变量测量项语义的准确性与完整性。采用 Likert 量表的 7 分打分制，1 表示"完全不赞成"，7 表示"完全赞成"。各变量及其测量项如表 7 – 1 所示。

表 7 – 1   **变量的测量项**

变量	测量项	测量题目	参考文献
IT 战略匹配（Strategic IT alignment，ITA）	ITA1	IT 规划与战略规划紧密联系	Liang H et al.，2017
	ITA2	IT 规划能有效反映业务规划的使命	
	ITA3	IT 规划能有效反映业务规划的目标	
	ITA4	IT 规划能有效支持业务战略	
IT 集成（IT integration，ITI）	ITI1	企业信息系统易于与合作伙伴的信息系统集成	Saraf N et al.，2007
	ITI2	数据仅需输入一次，即可供合作伙伴大多数信息系统检索使用	
	ITI3	大多数企业信息系统能在合作企业中无缝运转	
	ITI4	企业信息系统与合作伙伴的信息系统能彼此交换数据，协调工作	
企业敏捷性（Enterpris Agility，EA）	EA1	企业能很快缩短产品开发周期	Gligor D M et al.，2015
	EA2	企业能很快协调全球配送能力	
	EA3	企业能很快提升客户服务水平	
	EA4	企业能很快缩短新产品的启动时间	
市场绩效（Marketing performance，MP）	MP1	比竞争对手拥有更高的市场份额增长率	Inman R A et al.，2011
	MP2	比竞争对手拥有更高的销售量增长率	
	MP3	比竞争对手拥有更高的销售额增长率	

再运用 SmartPLS2.0 软件，依据 IS 领域以往学者（Liang H et al.，

2007）采用的检验方法，通过将共同方法因子代入研究模型，来检验来自共同方法偏差的影响是否显著。如表 7 - 2 所示，测量项在所属变量上的载荷方差远高于其在方法因子上的载荷方差，说明所得研究结论不会受共同方法偏差的显著影响。

表 7 - 2　　　　　　　　　　　　共同方法偏差检验

变量	测量项	所属因子载荷（R_1）	R_1^2	共同方法因子载荷（R_2）	R_2^2
IT 战略匹配（Strategic IT alignment，ITA）	ITA1	0.932 ***	0.869	－ 0.006	0.000
	ITA2	0.997 ***	0.994	－ 0.022	0.000
	ITA3	0.963 ***	0.927	0.025	0.001
	ITA4	0.982 ***	0.964	0.003	0.000
IT 集成（IT integration，ITI）	ITI1	0.901 ***	0.812	0.030	0.001
	ITI2	0.843 ***	0.711	0.103	0.011
	ITI3	0.971 ***	0.943	－ 0.051	0.003
	ITI4	0.942 ***	0.887	－ 0.086	0.007
敏捷性（Enterprise Agility，EA）	EA1	0.943 ***	0.889	－ 0.085	0.007
	EA2	0.742 ***	0.551	0.117	0.014
	EA3	0.939 ***	0.882	－ 0.040	0.002
	EA4	0.895 ***	0.801	0.014	0.000
市场绩效（Marketing performance，MP）	MP1	0.976 ***	0.953	0.009	0.000
	MP2	1.024 ***	1.049	－ 0.055	0.003
	MP3	0.955 ***	0.912	0.046	0.002
平均值		0.934	0.872	0.000	0.000

注：*** 表示 $p < 0.001$。

鉴于 IT 年龄和企业年龄在以往 IT - 敏捷性悖论关系的实证研究（Lu Y & Ramamurthy K，2011）中通常被选取为控制变量，研究模型的控制变量也同样选取 IT 年龄和企业年龄。其中，IT 年龄是指 IT 部门成立的年限，企业年龄是指企业成立的年限。

7.4 数据分析与结果

7.4.1 信度和效度检验

在对研究假设进行验证之前，应先检验所有变量的信度与效度。需要说明的是，依据彼得等（Petter S et al., 2007）对变量类型的判断准则，所选取的变量的 IT 战略匹配、IT 集成、企业敏捷性与市场绩效均是反映性变量。

首先，运用 SPSS17.0 软件对本文选取的变量进行探索性因子分析，抽取 IT 战略匹配、IT 集成、企业敏捷性与市场绩效这四个变量，KMO 统计量是 0.871，Bartlett 球形检验通过 0.001 这一显著性水平的检验。因此，所选取的变量结构清晰，符合效度检验的基本标准。

为了进一步检验聚合效度与区分效度，研究同时运用 SmartPLS2.0 软件对选取的变量进行验证性因子分析。如表 7-3 所示，各变量的测量项在所属变量上的载荷均大于 0.7，且各变量的测量项在所属变量上的载荷均大于该测量项在其他变量上的交叉载荷，差值在 0.1 及其以上，本章所涉及的变量具有较好的聚合效度。如表 7-4 所示，变量间的相关系数也显示均小于变量的因子抽取平均方法（AVE）值平方根，说明本章所选取变量区分效度也达到了研究要求。同时，各变量的 Cronbach's α 系数与综合信度系数（CR）值均大于 0.7，说明本章所选取的变量具有较好的内部一致性信度。

表 7-3　　　　　　　各变量测量项的载荷与交叉载荷

测量项	IA	ITI	EA	MP
IA1	0.92	0.60	0.30	0.22
IA2	0.98	0.55	0.34	0.30
IA3	0.99	0.55	0.36	0.34
IA4	0.98	0.54	0.33	0.36

测量项	IA	ITI	EA	MP
ITI1	0.55	0.94	0.28	0.17
ITI2	0.55	0.94	0.29	0.28
ITI3	0.51	0.92	0.22	0.21
ITI4	0.48	0.85	0.15	0.19
EA1	0.25	0.21	0.87	0.41
EA2	0.36	0.24	0.84	0.49
EA3	0.28	0.24	0.91	0.44
EA4	0.31	0.26	0.90	0.45
MP1	0.32	0.25	0.49	0.98
MP2	0.28	0.19	0.49	0.99
MP3	0.34	0.25	0.53	0.99

表 7 - 4　　　　　　　　　　变量的信度系数与相关系数

变量	均值（标准差）	CR	Cronbach's α	AVE	IA	ITI	EA	MP
IA	4.93（1.67）	0.98	0.98	0.94	**0.97**			
ITI	4.17（1.65）	0.95	0.93	0.83	0.58	**0.91**		
EA	4.93（1.23）	0.93	0.90	0.78	0.34	0.27	**0.88**	
MP	5.19（1.23）	0.99	0.98	0.97	0.32	0.23	0.51	**0.98**

注：黑体字表示各变量 AVE 的平方根。

7.4.2　模型验证

先运用 SmartPLS2.0 软件对主要路径系数进行分析，再运用 SPSS17.0 软件对研究模型中的中介效应进行检验，以此为基础，运用 SmartPLS2.0 与 SPSS17.0 软件对被调节的中介效应再进行检验，确定主要影响路径与规律。

1. PLS 路径分析

运用 SmartPLS2.0 软件对主要路径系数进行分析，通过运行 SmartPLS2.0

软件，估计出路径系数与 R^2 值。其中，路径系数反映所选取变量之间的关系，R^2 值反映外生变量对内生变量解释的程度，反映了研究模型的预测能力。如图 7 - 2 所示，路径系数与 R^2 值均通过 0.001 显著性水平的检验。

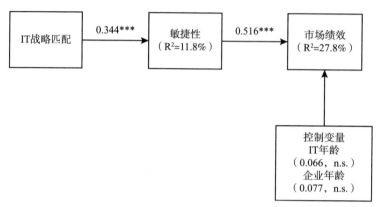

图 7 - 2　路径系数检验结果

注：*** 表示 $p < 0.001$，n. s. 表示不显著。

2. 中介效应检验

运用 SPSS17.0 软件，分别计算四个变量（IT 战略匹配、IT 集成、企业敏捷性与市场绩效）的因子得分，在此基础上，对企业敏捷性的中介效应进行分析。

如表 7 - 5 所示，在模型 7 - 1 中，在没有敏捷性存在的情形下，IT 战略匹配对市场绩效影响显著。在模型 7 - 2 与模型 7 - 3 中，IT 战略匹配对企业敏捷性产生显著影响，并且企业敏捷性对市场绩效产生显著影响。在模型 7 - 4 中，在企业敏捷性存在的情形下，IT 战略匹配对市场绩效产生的影响减弱，但是仍然显著，说明企业敏捷性在 IT 战略匹配与市场绩效关系中所起的部分中介作用。同时，Sobel 统计量（$Z = 3.4$）在通过 0.01 这一显著性水平的检验，证实企业敏捷性是 IT 战略匹配与市场绩效的中介变量，说明 IT 战略匹配对市场绩效的影响是通过企业敏捷性这一中介变量实现的，即研究假设 H7 - 1 成立。

表 7 - 5　　　　　　　　　　　　中介效应分析结果

变量	巴伦和肯尼（Baron R M & Kenny D A, 1986）检验				Sobel 统计量（Z）
	模型 7 - 1（市场绩效）	模型 7 - 2（企业敏捷性）	模型 7 - 3（市场绩效）	模型 7 - 4（市场绩效）	
自变量					
IT 战略匹配	0.421 ***（t = 5.317）	0.378 ***（t = 4.701）		0.270 ***（t = 3.451）	
企业敏捷性			0.498 ***（t = 6.672）	0.398 ***（t = 5.141）	
控制变量					3.4 **
IT 年龄	0.015（t = 0.154）	- 0.040（t = - 0.396）	0.088（t = - 0.959）	0.031（t = - 0.342）	
企业年龄	- 0.013（t = - 0.135）	- 0.111（t = - 1.128）	0.022（t = - 0.236）	0.031（t = - 0.349）	
R^2	0.179	0.153	0.253	0.253	
调整后的 R^2	0.161	0.134	0.236	0.236	

注：样本量为 147，** 表示 $p < 0.01$，*** 表示 $p < 0.001$。

3. 被调节的中介效应检验

先根据穆勒等（Muller D et al., 2005）的建议，运用 SmartPLS2.0 软件，构建模型 7 - 5、模型 7 - 6 和模型 7 - 7，检验 IT 集成是否调节企业敏捷性的中介效应。

其中，模型 7 - 5 检验 IT 战略匹配和 IT 集成以及两者的交互项对市场绩效的影响，模型 7 - 6 检验 IT 战略匹配和 IT 集成以及两者的交互项对企业敏捷性的影响，模型 7 - 7 检验 IT 战略匹配、IT 集成、企业敏捷性、IT 战略匹配与 IT 集成的交互项、企业敏捷性与 IT 集成的交互项对市场绩效的影响。如表 7 - 6 所示，在模型 7 - 6 中，研究结果显示，IT 战略匹配和 IT 集成的交互项（$\beta = - 0.213$，$p < 0.05$）对企业敏捷性有显著的负向影响，在模型 7 - 7 中，企业敏捷性（$\beta = 0.443$，$p < 0.001$）也显著正向影响市场绩效，此研究结果说明被调节的中介效应不为零，在 IT 集成越高时，由于 IT 战略匹配对企业敏捷性的正向影响越弱（见模型 7 - 6），企业敏捷性在

IT 战略匹配与市场绩效之间关系的中介效应也越弱。

表 7 - 6 被调节的中介效应分析结果

变量	模型 7 - 5：市场绩效（没有中介变量）		模型 7 - 6：企业敏捷性（第一阶段）		模型 7 - 7：市场绩效（两阶段，含有中介变量）	
	β	T	β	t	β	t
IT 年龄	0.013	0.146	- 0.064	0.627	0.037	0.474
企业年龄	0.072	0.781	- 0.026	0.191	0.090	1.049
IT 战略匹配	0.163 +	1.305	0.237 *	2.242	0.036	0.317
IT 集成	0.149	1.275	0.091	0.937	0.122	1.073
IT 战略匹配 × IT 集成	- 0.174	1.062	- 0.213 *	1.890	- 0.184	1.115
企业敏捷性					0.443 ***	4.078
企业敏捷性 × IT 集成					0.058	0.380

注：样本量为 147， + 表示 $p < 0.1$， * 表示 $p < 0.05$， *** 表示 $p < 0.001$。

再根据爱德华和兰伯特（Edwards J R & Lambert L S，2007）给出的检验方法，运用 SPSS17.0 软件，进一步验证 IT 集成对企业敏捷性中介效应的调节。表 7 - 7 表明，在 IT 集成度低时，IT 战略匹配经由企业敏捷性对市场绩效产生的间接影响显著，$β = 0.131$，95% 的置信区间是 [0.040，0.237]，不包括零点；在 IT 集成度高时，IT 战略匹配经由企业敏捷性对市场绩效产生的间接影响不显著，$β = 0.104$，95% 的置信区间是 [- 0.006，0.252]，包括零点。以上结果说明对于不同的 IT 集成程度来说，间接影响有显著差异，当 IT 集成越高时，企业敏捷性在 IT 战略匹配与市场绩效关系中起到的中介效应越弱，即研究假设 H7 - 2 成立。

表 7 - 7 企业敏捷性在 IT 集成不同强度上的中介效应

IT 集成	间接效应	SE	95% 的置信区间	
弱 IT 集成	0.131	0.050	0.040	0.237
中 IT 集成	0.118	0.052	0.026	0.232
强 IT 集成	0.104	0.069	- 0.006	0.252

注：IT 集成的强、中、弱三个值分别代表增加一个标准差、均值与减掉一个标准差，SE 代表标准误。

7.5　结论分析与讨论

本章旨在构建 IT 战略匹配驱动的企业敏捷性模型，重点关注企业敏捷性在 IT 战略匹配与市场绩效关系中的中介效应及 IT 集成的调节效应。研究结果表明：企业敏捷性在 IT 战略匹配与企业绩效关系中起中介效应；IT 集成减弱了 IT 战略匹配对企业敏捷性的影响，进而减弱企业敏捷性在 IT 战略匹配与市场绩效关系中所起的中介效应；当 IT 集成弱时，企业敏捷性在 IT 战略匹配与市场绩效关系中所起的中介效应显著，而当 IT 集成强时，企业敏捷性在 IT 战略匹配与市场绩效关系中所起的中介效应不显著。总之，提出的两个研究假设均得到了验证。

7.5.1　理论意义

（1）验证了在中国情境下，IT 战略匹配通过企业敏捷性这一中介变量对市场绩效产生正向影响。已有文献对 IT 战略匹配能否影响企业敏捷性的研究结论并未统一，如第一类研究证实 IT 战略匹配对企业敏捷性产生负向影响（Shpilberg D et al.，2007），第二类研究证实 IT 战略匹配对企业敏捷性产生正向影响（Tallon P P & Pinsonneault A，2011）。本章研究结果与第二类研究的研究结果是一致的，验证了 IT 战略匹配在提升企业敏捷性过程中的重要性，说明 IT 战略匹配能显著促进企业敏捷性，进而提升市场绩效。

（2）从 IT 战略管理能力与 IT 基础设施管理能力双重视角探究对企业敏捷性与市场绩效的影响。已有文献主要探究整合的 IT 能力对企业敏捷性的影响或者某一类 IT 能力对企业敏捷性的影响，较少探究 IT 战略管理能力与 IT 基础设施管理能力在企业敏捷性形成过程中的交互效应。塞德拉等（Sedera D et al.，2016）的研究认为，不同类型的 IT 能力是可以产生交互效应的。因此，本章选取了两类关键的 IT 能力，即 IT 战略匹配与 IT 集成，探究其对企业敏捷性与市场绩效的影响，发现 IT 战略匹配对企业敏捷性产生显著正向影响，进而影响市场绩效，而 IT 集成负向影响 IT 战略匹配对企业敏捷性的正向影响，进而减弱企业敏捷性在 IT 战略匹配与市场绩效关系中的中介效应。这一研究结果证实企业高管不应忽视 IT 集成的调节效应，应同时考虑 IT 集成与 IT 战略匹配这两个方面，来提升企业敏捷性与市场绩效。

（3）从 IT 基础设施管理能力的角度，揭示了 IT 战略匹配影响企业敏捷性与市场绩效的边界条件。已有文献对 IT 战略匹配能否影响企业敏捷性的研究结论并未统一，本章通过实证研究证实在 IT 集成低时，IT 战略匹配对企业敏捷性的直接影响及对市场绩效的间接影响是正向显著，在 IT 集成高时，IT 战略匹配对企业敏捷性的直接影响及对市场绩效的间接影响不显著。以上研究结果说明先前关于 IT 战略匹配能否影响企业敏捷性的研究结论的不统一可能是 IT 集成程度的不同所导致的。

7.5.2　实践意义

本章探讨了企业敏捷性与市场绩效的形成机制，具有以下实践意义。（1）本章验证了 IT 战略匹配是企业敏捷性与市场绩效形成过程中重要的前因，企业高管应实施合适的 IT 战略匹配计划来发挥 IT 战略匹配的正向效用。一方面，在 IT 战略形成阶段，IT 主管与高管可以通过正式和非正式的方式进行沟通，形成对 IT 如何产生商业价值的一致性看法；另一方面，在 IT 战略实施阶段，企业应构建完善的 IT 战略匹配动态维持机制，保证 IT 战略能更适配业务战略的变化。（2）企业高管应学会利用 IT 集成来提升企业敏捷性与市场绩效。在高 IT 集成的情形下，企业应减少对 IT 战略匹配的投入。而在低 IT 集成的情形下，企业应增大对 IT 战略匹配的投入，发挥 IT 战略匹配在提升企业敏捷性与市场绩效过程中的作用。

7.5.3　研究局限及未来研究方向

本章研究仍然存在以下局限性。（1）由于获取大规模的企业样本难度较大，因此研究的样本数量较少，还有待扩充样本量，提升研究结论的可靠性。（2）可以摒弃问卷调查获取主观测量数据的方式，选取客观数据来测度市场绩效，以减少来自共同方法偏差的影响。（3）企业敏捷性与市场绩效的提升是一个长期的过程，应进一步设计纵向追踪研究来检验 IT 战略匹配、IT 集成、企业敏捷性与市场绩效之间的因果关系。

上述研究局限也为未来研究指明了方向：（1）本章的企业样本均来自中国，未来研究可以在北美、欧洲等地区的发达国家选取企业样本，以进一步验证本文研究结论的普适性。（2）有学者已经证实 IT 双元能力这一关键 IT 能力同样是企业敏捷性的重要前因（Lee O et al.，2015），未来研究可以进一步检验 IT 双元能力、IT 集成、企业敏捷性与市场绩效的关系。（3）基于权变理论，未来研究可以从情境因素（如环境不确定性、信息强度等）入手，检验这些情境因素在 IT 战略匹配、企业敏捷性与绩效关系中的调节作用，因为不同的情境因素可能会显示出不同的调节作用。（4）未来研究可以采用模糊集定性比较分析（fsQCA）方法进一步检验 IT 战略匹配、IT 集成与高层管理支持等组织因素、环境动态性等环境因素的组态对企业敏捷性及市场绩效的影响。（5）未来研究可以从 IT 能力的其他细分方式入手，探究这些 IT 能力之间的交互项对企业敏捷性及市场绩效的影响。

第 8 章

企业数智化能力识别研究

8.1 引　　言

改革开放以来，我国产业的发展效率与发展质量在不断提高，获得了举世瞩目的成就，随着国内经济发展进入新常态，产业的发展环境面临着深刻的变化，如人口红利优势正在消失、创新能力不强、部分行业产能严重过剩等，传统产业发展模式已难以为继（吕铁和刘丹，2019）。恰逢此时，数智化转型迅猛发展，为全球各国家的产业发展提供了难得的机遇（周济，2015；Ying W et al.，2018；Ma H，2023）。为了抢占未来产业竞争的制高点，各国均出台了以数智化为核心的产业发展战略计划，这些战略计划均强调将数智化作为主攻方向，加快推进产业现代化进程。在此轮科技革命的推动下，我国企业纷纷开始实施数智化转型项目，以期赢得竞争优势，例如酷特智能股份有限公司（原红领集团）通过实施数智化转型项目，形成了一整套的数智化运作体系，在工业化的流水线上生产出满足顾客个性化需求的服装，在服装行业实现了逆势上涨（张明超等，2021；张媛等，2018；Hu H et al.，2016）。

虽然数智化转型项目在一些企业中取得了较好的实施效果，但发展现状却不容乐观，任重道远（易伟明等，2018）。据信息化和软件服务网 2020 年 10 月的调查，尽管某些企业已达到一定的数据与信息转型成熟度，但我国多数企业信息化、自动化基础较为薄弱，数字化水平较低，仍面临"信息孤岛"问题，而提供数智化转型项目实施的供应商以围绕企业业务融合为主，缺少针对企业内需自上而下的全局规划，导致数智化能力仍存在很多不足与缺陷，如数智化技术投入不足、数智化技术人才缺乏、供应商与客户企业无法有效沟通等，这些普遍存在的数智化能力不足问题已经成为阻碍我国企业高质量发展的关键因素。因此，本章试图通过对制造业这一特定行业的分析，对企业数智化能力及其重要程度进行识别，以期为企业数智化转型成功提供理论参考。

8.2　理论基础

8.2.1　企业 IT 能力理论

企业 IT 能力是指企业部署信息化项目资源以满足业务需求的能力（Bharadwaj A S，2000；Wade M & Hulland J，2004）。信息系统领域的研究学者从不同的分类方式入手对企业 IT 能力进行了划分，如巴拉德瓦杰（Bharadwaj A S，2000）提出企业 IT 能力包括有形 IT 能力、IT 人力能力与无形 IT 能力；韦德和霍兰德（Wade M & Hulland J，2004）将 IT 能力划分为由内而外型 IT 能力、由外而内型 IT 能力和跨越 IT 能力。然而，以上研究均是从 IT 部门的视角而非企业层面的视角对企业 IT 能力进行分类，这种类型划分忽视了企业管理者在利用 IT 开展业务活动的过程中所扮演的角色，可能不适用于企业数智化能力的识别研究。

有学者提出探究 IT 能力需要从企业价值链层面对 IT 能力进行概念化（Tippins M J & Sohi R S，2003），认为技术、人才与运作作为 IT 能力的三大维度，捕捉了部署 IT 资源支持价值链流程的方式，因此，这种 IT 能力的分类方式近年来获得了广泛的应用（Mao H et al.，2021），更适用于探究围绕用户需求，面向价值链、供应链与生态圈管理情境下的数智化能力。

8.2.2　企业数智化能力

目前国内外研究学者分别从不同的角度对企业数智化能力进行识别，综合以往研究的内容与角度，可分为以下四个方面。（1）基于技术角度的企业数智化能力研究，如高亮等（2022）结合精益化理论，将企业数智化能力划分为精益化、数字化、自动化、互联化与智能化五个维度；史永乐和严良（2019）则认为我国企业数智化能力的构建主要集中于信息数字化能力与数据增值化能力。（2）基于人才角度的企业数智化能力研究，如马倩等（2021）以洪泰制造作为研究对象，经案例研究发现企业数智化能力主要包括感知能力、利用能力与再配置能力。（3）基于运作角度的企业数智化能力研究，如尹华等（2021）基于微笑曲线的分析框架，从柔性制造能力、协同研发能力、元器件突破能力、服务改进能力与服务开发能力等方面构建企业数智化能力；此外还有学者以椅业企业为例，提出企业数智化能力可以划分为四个维度：设计、生产、销售与服务（Wang W et al.，2022）。（4）基于整合角度的企业数智化能力研究，如有学者从技术与运作视角出发，提出企业数智化能力包括十个维度，分别是战略与组织、设计、生产、设备、仓库、销售、服务、网络化环境、网络化安全与技术平台（Shi L et al.，2021）。

通过对相关研究文献的梳理，发现企业数智化能力可以从技术、人才与运作三个维度展开，但目前学术界对于从整合角度探究企业数智化能力的研究还较为缺乏，尤其从涵盖技术、人才与运作这三大维度的整体系统角度看更是处于"黑箱"状态，构建厘清技术、人才与运作三大维度的企业数智化能力变量关系的分析框架，是对企业数智化能力体系的重要丰富与补充。

本章首先运用扎根理论对企业数智化能力进行选取，再利用二元语义DEMATEL方法对企业数智化能力的重要程度进行识别。扎根理论是根据拟研究的科学问题进行实地调研、从一手数据与二手数据中提炼相关概念和范畴，进而升华到理论层面的一种定性研究方法，该方法通过不断收集与分析数据对理论进行修正，将新生成的范畴纳入理论中，直至理论饱和为止。二元语义DEMATEL方法是集成专家组群体意见，通过能力间直接影响矩阵的构建对能力重要度进行识别与分析的方法。考虑到扎根理论与二元语义DEMATEL方法均是对多维能力进行探索性综合决策的研究方法，本研究对企业数智化能力的探索性研究尝试遵循数据－理论匹配原则，摆脱传统研究框架束缚，深入挖掘理论并进行数据解释，以保证研究结论的严谨性与科学性。

8.3　企业数智化能力选取

8.3.1　研究方法

作为一种旨在建构理论的质性研究方法，扎根理论强调对搜集到的数据资料进行概念化与范畴化，并不断修正与扩充这些所提炼的概念与范畴，直至理论饱和，最终建构具有理论与实际意义的研究框架。扎根理论具有非常严谨的操作步骤，包括资料搜集与编码分析，已在 IS 领域得到了广泛应用（卢新元等，2013；查先进等，2022；张进澳等，2024）。之所以运用扎根理论来选取企业数智化能力，是基于以下原因。（1）数智化转型项目是一类复杂性极高的信息化项目，与传统信息化项目相比，数智化转型项目需兼顾效率与创新，其能力要求更高，这类复杂且抽象的研究对象选取更适合运用质性研究方法。（2）发达国家制造业已经历了自动化、精益生产与柔性制造等上百年历程，整体呈现渐进式发展特征，而我国工业化起步较晚，既需要数字化补课，从粗放式管理能力跨越到数字化管理能力，又需要智能化创新，快速完成从工业化体系跨越到智能化体系，以实现与发达国家制造业的同步创新（肖静华等，2021），这决定了我国与发达国家在企业数智化转型项目实施情境上存在显著差异。此外，国内外的政策制度、企业文化等情境因素也有较大差异。鉴于本章扎根理论的数据资料来源于我国企业数智化转型项目实施的相关访谈调研及企业文件，更能准确反映我国企业数智化转型现状。与一般的质性研究方法不同，扎根理论并非基于经验主义进行理论建构，而是秉承实事求是的原则，通过对所搜集的数据资料进行编码分析生成理论，是进行本土化企业数智化能力识别研究非常适合的研究方法。

8.3.2　数据收集

依据研究问题，本章在案例企业选取上设置了以下原则：首先，企业所属行业应为制造业，在其细分行业内具有较强代表性；其次，企业实施了数智化转型项目，入选过国家级或者省部级智能制造试点示范企业，并取得了较好的实施效果，已初步形成了数智化生产运作体系。据此，课题组在智能制造系统解决方案供应商联盟组织、河南省工业和信息化厅、广东华中科技大学工业技术研究院等机构的帮助下，对东莞劲胜精密组件股份有限公司、长飞光纤光缆股份有限公司、酷特智能股份有限公司、河南森源重工有限公司、西继迅达电梯有限公司这五家企业进行了多轮次深度访谈调研，这些访谈对象包括企业高管以及信息化部门和生产制造部门的中基层管理人员，兼顾了战略层、管理层与运作层等多个层面的访谈调研。访谈调研核心主题如下：一是企业发展概况，包括企业名称、规模、类型、主营业务、发展历程、主要产品以及国际竞争力等；二是对于企业数智化转型项目实施的认识与理解；三是数智化转型项目实施过程中发生的里程碑事件、遭遇到哪些困难、如何处理、形成了哪些数智化能力；四是何种数智化能力最为重要。研究团队从 2017～2020 年，共开展正式访谈 18 人次，每次访谈时间 1 小时左右。征得访谈对象同意后，采取录音形式对访谈调研过程进行记录，并转录成文字资料。除访谈调研之外，本章还从装备制造、食品、汽车、电子信息、水泥、纺织、服装、医药、家电、家具等行业选取了具有较好代表性的 31 家国家级智能制造试点示范企业，搜集其数智化转型项目手册等有关文件资料，这些文件资料提供了数智化转型项目实施相关事件及项目实施具体内容。

上述两种不同类型的数据资料共有 49 份，随机选取 42 份数据资料进行扎根理论分析，剩余 7 份用于理论饱和度检验。这两种数据资料来源相互验证、相互补充，共同支持数据资料的编码分析和理论构建，数据资料来源统计如表 8－1 所示。

表 8－1　　　　　　　　　两种数据资料来源统计

资料属性	资料收集对象属性	资料收集对象（资料编号）
访谈资料	国家级或省部级智能制造试点示范企业	东莞劲胜精密组件股份有限公司总经理 5 次，车间主任 1 次（E1～E6）；长飞光纤光缆股份有限公司副总裁 1 次，战略副经理 1 次，战略分析师 2 次（E7～E10）；酷特智能股份有限公司副总经理 1 次（E11）；河南森源重工有限公司总经理 1 次，信息化主管 1 次，生产主管 2 次（E12～E15）；西继迅达电梯有限公司总经理 1 次，信息化主管 1 次，生产主管 1 次（E16～E18）

续表

资料属性	资料收集对象属性	资料收集对象（资料编号）
文件资料	国家智能制造试点示范企业	内蒙古锦联铝材有限公司（E19）、内蒙古伊利实业集团股份有限公司（E20）、沈阳机床（集团）有限责任公司（E21）、宝山钢铁股份有限公司（E22）、天地科技股份有限公司（E23）、江苏康缘药业股份有限公司（E24）、杭州娃哈哈集团有限公司（E25）、东方通信股份有限公司（E26）、彩虹（合肥）液晶玻璃有限公司（E27）、中国石油化工股份有限公司九江分公司（E28）、赛轮金宇集团股份有限公司（E29）、中国联合水泥集团有限公司（E30）、潍柴动力股份有限公司（E31）、海尔集团公司（E32）、山东康平纳集团有限公司（E33）、酷特智能股份有限公司（E34）、长飞光纤光缆股份有限公司（E35）、三一集团有限公司（E36）、湖南华曙高科技有限责任公司（E37）、博创智能装备股份有限公司（E38）、深圳创维－RGB电子有限公司（E39）、东莞劲胜精密组件股份有限公司（E40）、大族激光科技产业集团股份有限公司（E41）、海南普利制药股份有限公司（E42）、重庆长安汽车股份有限公司（E43）、四川长虹电器股份有限公司（E44）、中航力源液压股份有限公司（E45）、西安陕鼓动力股份有限公司（E46）、宁夏共享集团股份有限公司（E47）、美克国际家居用品股份有限公司（E48）、西安飞机工业（集团）有限责任公司（E49）

注：据号内编码代表数据资料类型，其中 E1～E18 是访谈资料，E19～E49 是文件资料。

8.3.3　数据分析

为确保本章研究结果的信度与效度，课题组两位研究成员先对数据资料进行独立编码，再利用 NVivo11 软件分析、比较与整合两位研究成员的编码结果，生成最终编码结果，这两位研究成员编码一致性均大于0.8。对编码分析不一致的情形，则向课题组其他研究成员咨询，并不断讨论与比较，直至课题组所有研究成员的意见达成一致。

1. 开放式编码

作为扎根理论研究的第一步，开放式编码围绕研究主题，对原始数据资料进行单元分解，提炼初始概念，并剔除无效概念与聚类同义概念，生成有效概念及范畴。在开放式编码分析过程中，以客观、开放的态度开展开放式编码，尽量避免个人偏见和先前研究的影响，据此共生成 22 个初始范畴。受篇幅所限，仅对部分开放式编码分析结果进行举例，如表 8－2 所示。

表 8 – 2 开放式编码分析结果（部分）

范畴化	概念化	代表性初始语句
设备层技术基础	设备自动化	运用工业焊接机器人、工业冲压下料机器人、涂装机器人等代替人工操作（E13）
	设备数控化	运用数控加工中心、数控机床等替代普通机床，提高零部件加工精度（E12）；研发历时 5 年，耗资超过 11 亿元的开创性产品——i5 系列智能机床（E21）
	设备互联化	各生产子系统设备内部均采用工业以太网通信协议，并通过子站交换机与通信层核心交换机相连，网络设计采用双网冗余设计，保证网络系统的高可靠性（E19）
智能仿真	产品仿真	在产品仿真上，通过优化仿真流程、引进行业领先的分析软件和分析思想、采购高端计算主机，实现高速计算和云计算（E31）
	工艺仿真	数字化工厂围绕全流程虚拟制造，充分应用计算机辅助设计（CAD）、计算机辅助工程（CAE）、计算机辅助制造（CAM）等先进的仿真设计工具和设计技术，实现了基于三维模型的全流程工艺设计和仿真，覆盖模具、铸造、加工的完整业务流程（E47）
大规模定制	个性化需求精准满足	由客户需求驱动，实现流水线上的不同数据规格元素的灵活搭配，自由重组，从而在流水线上制造出个性化产品（E11）
	柔性高效生产运作	建立两化深度融合智能制造体系，实现数字化工厂柔性生产（E11）
	资源/服务精优供给	以前大规模制造时代串联的供应商，同步进行数字化、智能化升级，被整合形成并联资源生态圈，与终端用户之间零距离互联，从而打通整个价值链，形成高效运转的消费生态圈（E32）

注：据号内编码代表数据资料类型，其中 E1 ~ E18 是访谈资料，E19 ~ E49 是文件资料。

2. 主轴编码

主轴编码是通过对开放式编码提取的概念及范畴进行类聚分析，挖掘出层次更高的主范畴，发现与建立各范畴间的脉络关系。本章通过对开放式编码得到的 22 个子范畴进一步提炼与分析发现，企业数智化能力间存在一定的范畴归类关系，主轴编码分析结果如表 8 – 3 所示。

表 8 - 3　　　　　　　　　　　主轴编码分析结果

类别	主范畴	子范畴	类别	主范畴	子范畴
数智化技术能力	数智化技术基础架构	设备层技术基础	数智化决策能力	智能计算	智能预测
		控制层技术基础			智能仿真
		车间层技术基础			智能优化
		企业层技术基础		智能诊断	智能故障排查
		协同层技术基础			智能故障处理
	数智化技术治理	技术兼容性	数智化运作能力	数智化管理	价值链管理
		技术集成性			供应链管理
		技术模块性			生态圈管理
数智化决策能力	智能识别	智能感知		数智化新兴业态	大规模定制
		智能采集			协同制造
		智能检索			远程运维

3. 选择性编码

选择性编码旨在通过对主范畴的系统分析，挖掘核心范畴，分析核心范畴、主范畴与其他范畴的关联。本章主范畴的典型关系结构见表 8 - 4。以此为基础，本章构建了企业数智化能力逻辑框架。依据主范畴的类别属性，企业数智化能力可分为数智化技术能力、数智化决策能力与数智化运作能力，其中，数智化技术能力与数智化决策能力均可能直接促进数智化运作能力的形成，同时数智化技术能力有可能还会通过数智化决策能力促进数智化运作能力的形成，很多情境下不是单一的数智化技术能力或数智化决策能力而是多重能力共同促进数智化运作能力的形成，从而保证数智化转型成功。

表 8 - 4　　　　　　　　　　　主范畴的典型关系结构

典型关系结构	关系结构的内涵
数智化技术能力→数智化运作能力	数智化技术能力是促进数智化运作能力形成的重要前因
数智化决策能力→数智化运作能力	数智化决策能力是促进数智化运作能力形成的重要前因
数智化技术能力→数智化决策能力→数智化运作能力	数智化技术能力可以通过影响数智化决策能力进而促进数智化运作能力的形成

续表

典型关系结构	关系结构的内涵
智能识别→智能计算	智能识别是促进智能计算形成的重要前因
智能计算→智能诊断	智能计算是促进智能诊断形成的重要前因
数智化管理→数智化新兴业态	数智化管理是促进数智化新兴业态形成的重要前因

IS 领域先前研究曾提出技术、人才与运作作为 IT 能力的三大维度（Tippins M J & Sohi R S，2003），本章以这一 IT 能力分类理论为基础，生成了企业数智化能力逻辑框架，如图 8-1 所示。本章尝试将数智化技术能力、数智化决策能力与数智化运作能力的逻辑关系梳理为以下三个方面。

第一，数智化技术能力按照数智化技术基础架构与数智化技术治理分成两大类，两类技术能力相互独立，可单独影响数智化运作能力的形成，也可同时对数智化运作能力形成产生叠加的正向促进效应。

第二，数智化决策能力按照智能识别、智能计算与智能诊断分成三类，智能识别是智能计算的先决条件，而智能计算又是智能诊断的先决条件，三类人员决策能力相互关联，层层递进，共同对数智化运作能力形成产生叠加的正向促进效应。

第三，数智化技术能力可以通过增强数智化决策能力促进数智化运作能力的形成。高沛然等（2019）通过实证分析验证 IT 技术能力对 IT 运作能力的正向影响以及 IT 人员能力的中介作用。这一观点在企业数智化能力方面得到了再次验证，本章证实了数智化技术能力能通过对数智化决策能力的影响来利用彼此的优势，使数智化运作能力的有效前沿面得以提升。

第四，数智化运作能力按照数智化管理与数智化新兴业态分成两大类，本章发现数智化新兴业态主要包括三个维度：个性化定制、协同制造、远程运维，数智化管理（如价值链管理、供应链管理与生态圈管理）对数智化新兴业态形成产生正向促进作用。

结果显示，随机选取的余下 7 份数据资料基本契合图 8-1 的逻辑框架，未生成新的范畴，也未形成新的关系。因此，可认为图 8-1 中所构建的企业数智化能力逻辑框架已达理论饱和。

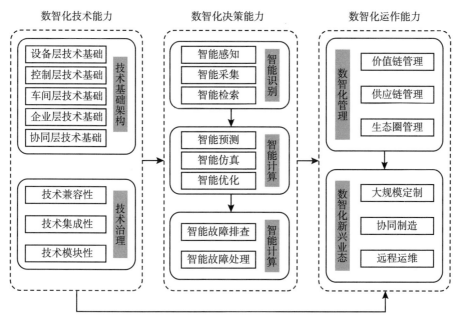

数智化技术能力　　　　数智化决策能力　　　　数智化运作能力

图 8 - 1　企业数智化能力逻辑框架

8.4　企业数智化能力重要度识别

8.4.1　模型构建

由于企业数智化能力间关系的复杂性、不确定性与模糊性，使得语言判断信息更适合表达专家们的观点。在此给出企业数智化能力重要度识别模型，运用二元语义信息集结方式处理与集成专家针对企业数智化能力之间的相互影响关系给出的语言判断信息。该企业数智化能力重要度识别模型的原理和步骤如下。

假定有序语言短语集合 $S = \{s_0, s_1, \cdots, s_t\}$ 是由奇数种元素构成，并满足以下性质：（1）具有有序性，即 $i \geq j$ 时，$s_i \geq s_j$，在此 $\geq$ 的含义为好于或等于；（2）有逆运算算子 Neg，即 $j = t - i$ 时，存在 $Neg(s_i) = s_j$，$t + 1$ 为 S 中的元素个数；（3）有极大化与极小化预算，即 $s_i \geq s_j$ 时，存在 $\max(s_i, s_j) = s_i$，$\min(s_i, s_j) = s_j$。依据先前研究文献（Herrera F & Martinez L，

2000；Herrera F & Martinez L，2001），利用公式（8－1a）与公式（8－1b）将语言短语 s_i 转换成二元语义的表达形式：

$$\theta: S \rightarrow S \times [-0.5, 0.5) \qquad (8-1a)$$

$$\theta(s_i) = (s_i, 0), \ s_i \in S \qquad (8-1b)$$

假定 β 为实数且 $\beta \in [0, t]$，为语言短语集成运算结果，则 (s_i, α) 被称为 β 对应的二元语义表达形式，由函数 Δ 得到：

$$\Delta: [0, t] \rightarrow S \times [-0.5, 0.5) \qquad (8-2a)$$

$$\Delta(\beta) = (s_i, \alpha) = \begin{cases} s_i & i = Round(\beta) \\ \alpha = \beta - i & \alpha \in [-0.5, 0.5) \end{cases} \qquad (8-2b)$$

在公式（8－2b）中，$Round$ 为取整运算，s_i 表示集合 S 中的第 i 个元素；符号转移值为 α，用 s_i 和 $\Delta(\beta)$ 的偏差来表示。假定 (s_i, α) 为二元语义，s_i 是集合 S 中的第 i 个元素，$\alpha \in [-0.5, 0.5)$，则逆函数 Δ^{-1} 可将二元语义 (s_i, α) 转换成对应实数 β，其中 $\beta \in [0, t]$，由公式（8－3a）与公式（8－3b）得到。

$$\Delta^{-1}: S \times [-0.5, 0.5) \rightarrow [0, t] \qquad (8-3a)$$

$$\Delta^{-1}(s_i, \alpha) = i + \alpha = \beta \qquad (8-3b)$$

假定企业数智化能力集合是 $F = \{f_1, f_2, \cdots, f_n\}$，$n \geqslant 2$，专家集是 $P = \{p_1, p_2, \cdots, p_m\}$，$m \geqslant 2$。针对企业数智化能力 f_i 对 f_j 的直接影响程度，专家 p_k 给出的语言 $C^k = [c_{ij}^k]_{n \times n}$，$i, j = 1, 2, \cdots, n$，$k = 1, 2, \cdots, m$，$i \neq j$。本章未考虑企业数智化能力自身的直接影响，因此将 C^k 主对角线元素 c_{ii}^k 标记为"—"，等同于 0。

根据公式（8－1）将专家们给出的语言判断矩阵 C^k 转换成对应的二元语义判断矩阵 $C^k = [\hat{c}_{ij}^k]_{n \times n}$，在此 $\hat{c}_{ij}^k = (c_{ij}^k, 0)$。运用二元语义平均算子将各位专家给出的判断矩阵集成得到二元语义群组判断矩阵 $C = [\hat{c}_{ij}]_{n \times n}$，$\hat{c}_{ij} = (c_{ij}, q_j)$。

$$(c_{ij}, q_j) = \Delta\left(\frac{1}{m}\sum_{k=1}^{m}\Delta^{-1}(c_{ij}^k, 0)\right), \ c_{ij} \in S, \ q_j \in [-0.5, 0.5) \qquad (8-4)$$

再根据公式（8－3）得到实数型直接影响矩阵 $B = [\beta_{ij}]_{n \times n}$，在此 $\beta_{ij} = \Delta^{-1}(c_{ij}, q_j)$ 且 $\beta_{ij} \in [0, t]$，$i, j = 1, 2, \cdots, n$。再根据公式（8－5）将直接影响矩阵 B 进行规范化处理，计算得到规范化直接影响矩阵 $X = [x_{ij}]_{n \times n}$，$0 \leqslant x_{ij} \leqslant 1$。

$$x_{ij} = \frac{1}{z}\beta_{ij} \qquad (8-5)$$

在公式（8-5）中，$z = \max\limits_{1 \leqslant i \leqslant n}(\sum\limits_{j=1}^{n}\beta_{ij})$。依据先前研究文献（Goodman R，1988；Papoulis A & Pillai S U，2002）矩阵 X 能满足如下性质：

$$\lim_{n \to \infty} X^n = O$$

$$\lim_{n \to \infty}(I + X + X^2 + \cdots + X^n) = (I - X)^{-1}$$

在此，I 表示恒等矩阵，O 表示零矩阵。根据以上性质计算得到综合影响矩阵 $T = \left[t_{ij}\right]_{n \times n}$，在此 t_{ij} 为企业数智化能力 f_i 对企业数智化能力 f_j 的综合影响关系，该计算公式如下：

$$T = \lim_{n \to \infty}(X + X^2 + \cdots + X^n) = X(I - X)^{-1} \qquad (8-6)$$

最后，根据公式（8-7）与公式（8-8）计算企业数智化能力的中心度 E 与原因度 R，并将中心度 E 作为横轴，将原因度 R 作为纵轴，得到企业数智化能力因果关系图：

$$E_i = \sum_{j=1}^{n} t_{ij} + \sum_{i=1}^{n} t_{ij} \quad i = 1, 2, \cdots, n \qquad (8-7)$$

$$R_i = \sum_{j=1}^{n} t_{ij} - \sum_{i=1}^{n} t_{ij} \quad i = 1, 2, \cdots, n \qquad (8-8)$$

公式（8-7）和公式（8-8）中，E 表示该企业数智化能力在整个企业数智化能力体系中的重要程度，故核心数智化能力即为中心度高的数智化能力；若 $R > 0$，则表示该企业数智化能力为原因数智化能力，影响其他数智化能力，若 $R < 0$，则表示该企业数智化能力为结果数智化能力，受其他数智化能力影响。

在制定企业数智化能力提升策略时，应着重关注核心数智化能力。此外，由于原因数智化能力不易改变，可分析其成因并尽量提升该类企业数智化能力，而对于结果数智化能力，考虑到易于受其他数智化能力影响，可采取适当的举措有效提升该类企业数智化能力。

8.4.2　模型应用

根据先前所述，运用扎根理论识别出数智化技术基础架构（f_1）、数智化技术治理（f_2）、智能识别（f_3）、智能计算（f_4）、智能诊断（f_5）、数智化管理（f_6）与数智化新兴业态（f_7）七个企业数智化能力，确定数智化能力集 $F = \{f_1, f_2, f_3, f_4, f_5, f_6, f_7\}$。在此，语言短语集合是 $S = \{s_0, s_1, s_2, s_3, s_4, s_5, s_6\}$，用该语言短语集合描述某一企业数智化能力对另一企业数智化能力的直接影响程度，其中 $s_0 = No$（无影响），$s_1 = VL$（影响很低），$s_2 = L$（影响低），$s_3 = M$（影响程度适中），$s_4 = H$（影响高），$s_5 = VH$（影响很高），$s_6 = AH$（影响极其高）。

首先，通过来自企业的 3 位专家对企业数智化能力间的直接影响程度进行判断。需要强调的是，这 3 位专家均具体从事提供最佳企业数智化转型实践方案工作，拥有深厚的理论知识及丰富的企业数智化转型实践经验，从而保证了本研究数据来源的科学性和有效性。专家们给出语言判断矩阵 C：

$$C^1 = \begin{bmatrix} — & VL & VL & M & L & L & L \\ VL & — & L & M & M & AH & M \\ VL & VL & — & H & VH & L & M \\ VL & VL & VL & — & AH & M & H \\ VL & VL & VL & L & — & M & H \\ VL & VL & VL & VL & L & — & H \\ VL & VL & VL & VL & VL & L & — \end{bmatrix}$$

$$C^2 = \begin{bmatrix} — & L & VL & H & L & M & M \\ L & — & M & H & H & L & M \\ L & VL & — & H & H & M & M \\ L & VL & L & — & H & M & AH \\ VL & L & VL & VL & — & H & H \\ VL & L & L & VL & VL & — & M \\ VL & L & L & VL & L & L & — \end{bmatrix}$$

$$C^3 = \begin{bmatrix} — & L & L & H & M & L & L \\ VL & — & L & H & AH & L & M \\ VL & L & — & H & H & H & H \\ VL & L & M & — & H & L & M \\ L & VL & L & L & — & AH & M \\ L & VL & VL & L & — & H \\ L & VL & VL & L & L & L & — \end{bmatrix}$$

其次，根据公式（8-1）将各位专家给出的语言判断矩阵转化为二元语义表达形式，根据公式（8-4）集结 3 位专家的判断信息，并根据公式（8-3）计算得出数值型直接影响矩阵 B：

$$B = \begin{bmatrix} 0.00 & 1.67 & 1.33 & 3.67 & 2.33 & 2.33 & 2.33 \\ 1.33 & 0.00 & 2.33 & 3.67 & 4.33 & 3.33 & 3.00 \\ 1.33 & 1.33 & 0.00 & 4.00 & 4.33 & 3.00 & 3.33 \\ 1.33 & 1.33 & 2.00 & 0.00 & 4.67 & 2.67 & 4.33 \\ 1.33 & 1.33 & 1.33 & 1.67 & 0.00 & 4.33 & 3.67 \\ 1.33 & 1.33 & 1.33 & 1.33 & 1.67 & 0.00 & 3.67 \\ 1.33 & 1.33 & 1.33 & 1.33 & 1.67 & 2.00 & 0.00 \end{bmatrix}$$

再次，根据公式（8-5）将 B 进行处理，计算得出规范化直接影响矩阵 X：

$$X = \begin{bmatrix} 0.00 & 0.09 & 0.07 & 0.20 & 0.13 & 0.13 & 0.13 \\ 0.07 & 0.00 & 0.13 & 0.20 & 0.24 & 0.19 & 0.17 \\ 0.07 & 0.07 & 0.00 & 0.22 & 0.24 & 0.17 & 0.19 \\ 0.07 & 0.07 & 0.11 & 0.00 & 0.26 & 0.15 & 0.24 \\ 0.07 & 0.07 & 0.07 & 0.09 & 0.00 & 0.24 & 0.20 \\ 0.07 & 0.07 & 0.07 & 0.07 & 0.09 & 0.00 & 0.20 \\ 0.07 & 0.07 & 0.07 & 0.07 & 0.09 & 0.11 & 0.00 \end{bmatrix}$$

再根据公式（8-6）计算得出综合影响矩阵 T：

$$T = \begin{bmatrix} 0.21 & 0.30 & 0.31 & 0.51 & 0.54 & 0.54 & 0.61 \\ 0.33 & 0.27 & 0.42 & 0.60 & 0.74 & 0.70 & 0.77 \\ 0.32 & 0.33 & 0.29 & 0.59 & 0.72 & 0.66 & 0.76 \\ 0.30 & 0.31 & 0.37 & 0.37 & 0.68 & 0.61 & 0.75 \\ 0.26 & 0.27 & 0.29 & 0.39 & 0.38 & 0.59 & 0.63 \\ 0.23 & 0.23 & 0.25 & 0.32 & 0.40 & 0.32 & 0.54 \\ 0.21 & 0.21 & 0.23 & 0.30 & 0.37 & 0.39 & 0.33 \end{bmatrix}$$

最后，根据公式（8-7）与公式（8-8）分别计算得到各企业数智化能力的中心度 E 与原因度 R，如表 8-5 所示。

表 8 – 5　　　　企业数智化能力的中心度与原因度计算结果

实施能力	f_1	f_2	f_3	f_4	f_5	f_6	f_7
中心度	4.87	5.75	5.82	6.47	6.66	6.10	6.43
原因度	1.14	1.92	1.51	0.30	– 1.01	– 1.51	– 2.34

由表 8 – 5 可知，数智化能力的中心度排序为：$f_5 > f_4 > f_7 > f_6 > f_3 > f_2 > f_1$，依据原因度对企业数智化能力进行归类，原因数智化能力为 f_1、f_2、f_3、f_4，结果数智化能力为 f_5、f_6、f_7，并根据以上计算结果得到企业数智化能力的因果关系图，如图 8 – 2 所示。

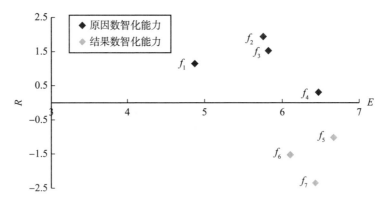

图 8 – 2　企业数智化能力的因果关系

8.5　结论与讨论

目前国内外学者对企业数智化能力的研究多从技术、人员与运作三大维度的某些方面来探究，涉及的企业数智化能力较为单一，缺乏从整体系统视角厘清涵盖技术、人员与运作三大维度的企业数智化能力变量相互影响关系的分析。本章首先采用扎根理论对企业数智化能力进行选取，提炼得到 7 个主范畴，分别是数智化技术基础架构、数智化技术治理、智能识别、智能计算、智能诊断、数智化管理、数智化新兴业态，其中，数智化技术基础架构与数智化技术治理可以聚合为数智化技术能力，智能识别、智能计算与智能诊断可以聚合为数智化决策能力，数智化管理与数智化新兴业态可以聚合为数智化运作能力，最终确定了数智化技术能力、数智化决策能力与数智化运作能力这三大核心范畴。同时由于企业数智化能力间关系的复杂性、不确定性与模糊性，使得语言判断信息更适合表达专家们的观点，所以在传统DEMATEL 方法基础上引入二元语义的概念，运用二元语义信息集结方式处理与集成专家针对企业数智化能力之间的相互影响关系给出的语言判断信息，得到各类企业数智化能力的中心度与原因度。

智能诊断（f_5）是企业数智化能力集合 F 中中心度最大的数智化能力，其对数智化转型项目是否成功实施至关重要。在企业实施数智化转型的过程中，员工需在智能识别与智能计算之后，依据形势与环境敏感目标对生产工艺与产品工艺进行诊断、调节与配置，员工的一线主体作用会越来越重要。数智化转型是基于开放式、虚拟式的环境，人机交互、机器间交互将越来越普遍。因此，企业应加强对员工的再培训，倡导员工终身学习，构建学习型组织，制定员工培训政策，最大程度发挥员工在数智化转型过程中的决定性作用。数智化技术治理（f_2）是企业数智化能力集合 F 中原因度最大的数智化能力，其容易影响其他数智化能力。目前我国部分企业对数智化转型的内涵与精髓还没有足够清晰的认知，一些企业认为实施了数智化技术便取得了数智化转型项目成功实施，反而忽略了对数智化技术的治理，导致数智化技术不能发挥应有的效益，陷入"唯技术论"怪圈。因此，我国企业在数智化转型过程中，应重点关注数智化各要素的顶层设计、通过要素的灵活配置与系统集成等技术治理工作，加强数智化系统解决方案的提升。数智化新兴业态（f_7）是企业数智化能力集合 F 中原因度最小的结果数智化能力，其容易受其他数智化能力影响。制造业数智化转型是一类复杂度极高的信息化项目，旨在通过整个产品生命周期过程的数智化以实现对传统制造方式与商业模式的变革，进而形成新的业态，因此其数智化转型更是一场生产制造过程的数字化思维方式变革，不仅包括以工业机器人、数控机床等为代表的数智化技术外在特征，还包括大规模定制、协同制造、远程运维等内在业态模式的推广。目前我国企业数智化转型多侧重生产过程自动化、机器设备的数智化改造升级等内容，对数智化新兴业态的管理重视不够，应进一步加强数智化制造的质量把控，通过数智化新兴业态的实现促进产品全生命周期质量提升。上述数智化策略为我国企业提升数智化转型成功实施率，进而实现产业数智化转型与高质量发展提供管理依据。

但本章尚有一定的局限性：第一，考虑到我国企业数智化转型所面临的双跨越战略变革情境，即既需要数字化补课，从粗放式管理能力跨越到数字化管理能力，又需要智能化创新，快速完成从工业化体系跨越到智能化体系，从双跨越战略变革情境出发对企业数智化能力的识别还有待深入；第二，在访谈提纲设计时，未区分不同类型的制造业细分行业，未来可结合制造业特定的细分行业（如电器业、工业机械设备业、服装与纺织品业等）对企业数智化能力开展更多的探究；第三，本章仅选取制造业作为行业分析对象，因此所得到的研究结论是否在服务业等行业同样具有普遍适用性有待进一步研究验证。

第 9 章

核心利益相关者对数智化能力的
认知协同研究

9.1 引　言

党的二十届三中全会强调，应健全促进数字经济与实体经济深度融合制度，加快构建数字经济发展体制机制，促进产业数字化与数字产业化。在此背景下，为抢抓数字经济发展先机，培育数智化能力发展新质生产力，成为我国经济稳增长、调结构与增效益的重要实现途径，对于我国经济高质量发展具有重要意义。习近平同志强调：要牢牢把握高质量发展这个首要任务，因地制宜发展新质生产力。在新质生产力这一宏大发展背景下，数智化能力扮演着举足轻重的作用，为我国企业"弯道超车"提供了重要的机会窗口。尽管我国企业数智化转型在国家政策的大力助推下取得了一定的进展，但与全面建成社会主义现代化强国的战略目标相比，仍任重道远，许多企业对此仍持审慎态度。尤其对于中小型企业而言，其在数智化转型过程中面临着投资成本高、回报周期长等诸多挑战（王玉，2021）。数智化能力的培育涉及诸多利益相关者，其中，政府、企业、媒体、学术界均发挥着至关重要的作用。虽然前述章节从企业视角对数智化转型能力及其重要度进行了识别，但鉴于各方在立场和视角上的差异，他们对数智化能力的见解不尽相同，若各利益相关方无法构建有效的合作机制，数智化能力的培育可能难以达到预期效果。因此，本章试图通过深度剖析不同利益相关者对数智化能力的核心关切点，系统地审视数智化能力，分析各利益相关者对数智化能力的认知差异，特别是不同利益相关者之间的认知分歧。希望通过本章研究，为全面理解数智化能力提供独特的研究视角，也为我国发展新质生产力与推进中国式现代化战略提供了决策参考。

9.2　利益相关者及认知识别

9.2.1　利益相关者识别

在 20 世纪 60 年代，利益相关者理论便引起了学术界的广泛关注，众多学者从理论和实践两个维度进行了探索性研究。经过数十年的发展，该理论已臻成熟。唐纳森和普雷斯顿（Donaldson T & Preston L E, 1995）提出，利益相关者理论涵盖描述性、工具性和规范性三个层面，且这些层面相互支撑，共同构成了该理论的完整框架。菲利普斯等（Phillips R et al., 2003）提出，为了更好地应用于管理研究中，利益相关者的概念应当进行适度缩减。基于此，有学者创新性地开发了"利益相关者圈"这一可视化工具，以便对不同利益相关者的影响和贡献进行评估（Bourne L & Walker D H, 2008）。如今，利益相关者的议题在政府报告、新闻媒体报道及学术研究领域均占据重要地位。

在数智化转型过程中，多个利益相关者均发挥着不可忽视的作用，然而，这些利益相关者尚未被学术界全面识别。在分类上，利益相关者的界定通常基于其参与决策的深度（Nguyen N H et al., 2009）。现有的分类框架多种多样，例如，从内外关系上区分外部与内部利益相关者（Winkler A L P et al., 2019）、从态度上划分为主动与被动利益相关者（Laplume A O et al., 2008）、从影响方式上界定的直接和间接利益相关者（Darnall N et al., 2010）。

在数智化政策的执行过程中，形成了包含多元主体的网络结构，这与政策网络理论相契合。在数智化政策网络中，政策社群占据了核心领导位置，主要负责战略规划与组织动员工作，其核心成员包括国务院及其相关部门；地方政府形成的府际网络，负责将政策细化并执行于地方层面；企业构成了生产者网络，他们是政策影响的主要对象；专业网络则为政府的策略提供专业咨询，由业内资深学者构成；而议题网络则处于网络的外围，通过媒体舆论对政策实施施加影响，主要由新闻媒体等媒介组成，他们在推动公众关注和影响政策执行方面扮演重要角色（胡志明，2022）。

9.2.2　利益相关者认知识别

利益相关者认知，源于各利益相关者独特的背景、不同的立场和特定的期望，不同群体间常呈现显著的差异。他们制定计划和采取行动的方式与认知差异息息相关，而在企业内部，认知的不一致往往成为导致冲突的关键因素（何一清等，2015）。为了有效应对企业冲突，关键在于识别不同群体的认知差异，探究其根源，并提出针对性的解决方案。

在数智化能力培育过程中，利益相关者的认知尤为关键，因为其直接关系产业的未来发展方向和政策实施的实际效果。特别是政策执行主体与受政策影响的群体之间的认知差异，往往成为制约产业政策有效执行的关键因素，可能导致政策效果大打折扣。因此，深入比较和分析利益相关者的认知差异，对于探索数智化能力的科学培育策略至关重要。以往的研究多聚焦于价值链中某一特定环节的利益相关者认知，缺乏对整体价值链活动的全面理解，且这些研究多依赖于小样本方法（Li T H et al.，2012），在效率、灵活性、样本范围与代表性、数据质量与准确性、主观因素与偏见以及回应率与成本等方面都存在明显的缺点。

鉴于此，本章将运用大数据文本分析方法，对政府、企业、媒体和学术界四大核心利益相关者的认知进行多维度、多角度的深入剖析，旨在全面揭示他们对数智化能力的关注焦点和认知倾向。

9.3　研究框架与数据收集

9.3.1　研究框架

首先进行数据的收集工作，为政府、企业、媒体、学术界四大利益相关者分别构建相应的文本语料库；其次，利用自然语言处理方法对利益相关者的认知进行识别；再次，分析利益相关者关注的主题并确定他们的认知共识与分歧；最后对研究结论展开讨论分析，据此提出未来政策优化方向，研究框架如图 9 - 1 所示。

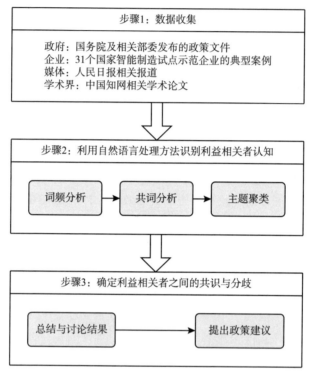

图 9 - 1　核心利益相关者对数智化能力的认知协同研究框架

9.3.2　数据收集

1. 政府

中央政府直接负责制定数智化相关政策。为了确保数据更加科学、有效，数据选取来源于国务院政策文件库。具体检索要求如下：首先，以关键词"数智化""数字化""智能化"等进行信息搜索，并限定发布机构为国务院及其四个下属机构——工信部、财政部、科技部和教育部；其次，政策类型包括法律法规、决定、办法、通知以及意见等；最后，删除各类政策文本中与数智化相关度不高的内容，其中部分政策文件只保留与数智化相关内容。需要强调的是：在评估政策文本的实效性和影响力时，课题组将会议通知、批复函等非正式的文档形式排除在考察范围之外,以确保研究的准确性和严谨性(曹海军和侯甜甜,2022)。依据上述步骤,共筛选出2015~2024年相关政策文本35份。

2. 企业

企业是数智化转型的主体,本研究选取了31个国家智能制造试点示范企业的典型案例,这些企业涵盖了装备制造、食品工业、汽车工业、电子信息、电解铝产业、水泥生产、纺织制造、服装产业、医药制造、家电行业以及家具制造等多个领域。

3. 媒体

针对媒体数据的采集,本研究选取了中国最具权威性的中央媒体之一——人民日报,它能够充分反映和代表中国主流媒体的声音和观点。对人民日报的数据收集流程如下:首先,进入人民日报图文数据库以"数智化""数字化""智能化"等为关键词进行检索,并限定时间范围为2015~2024年;其次,使用爬虫程序对检索结果进行爬取,生成Excel表格;最后,筛选出与数智化相关度不高的新闻报道并删除同一新闻的重复报道,共筛选出新闻报道108条。

4. 学术界

学术界的数据来源于CNKI数据库,以"数智化""数字化""智能化"等为关键词进行检索,期刊来源限定为CSSCI,时间限定为2015~2024年。在初步了解文献研究内容的基础上剔除图书、会议评论、新闻报道等不符合本研究工作所需资料标准的文献,最终得到90篇文献。

上述四大利益相关者的数智化资料来源及搜集情况如表9-1与表9-2所示。

表9-1 资料来源情况

利益相关主体	来源
政府	国务院及其下属机构
企业	锦联铝材、伊利、沈阳机床、宝山钢铁、天地科技、康缘药业、娃哈哈、东方通信、彩虹液晶玻璃、九江石化、赛轮金宇、中联水泥、潍柴动力、海尔、山东康平纳、青岛红领、长飞公司、三一集团、华曙高科、博创、创维、劲胜精密、大族激光、普利、长安汽车、长虹、中航力源、陕鼓动力、共享集团、美克家居、中航西飞

利益相关主体	来源
媒体	人民日报
学术界	中国知网学术数据库

表 9－2　　　　　　　　　　资料收集情况

利益相关主体	类型	文本数	总字数
政府	政策	35	265471
企业	案例	31	109101
媒体	新闻报道	108	141512
学术界	学术论文	90	1128633

注：非中文单词不计入总字数。

9.4　利益相关者认知识别及比较分析

9.4.1　词频分析

本研究对政府、企业、媒体和学术界语料库分别进行词频统计，并从中筛选出了各自频数位列前三十的关键词，如表 9－3 所示。从四大利益相关者的文本语料库中提取出的高频词和排名代表着他们对某一话题的关注程度。本研究旨在深入分析利益相关者在认知上的共识与分歧，以期为数智化政策制定提供参考。政府作为政策制定的主体，与企业、媒体、学术界在观点上的相似度具有一定的研究价值。为了直观地呈现这种对比结果，设定下述表示方法：当企业、媒体或学术界的某个高频词汇与政府排名前五十的高频词汇相同时，为该词汇添加底纹。

表 9－3　　　　　　　　　　高频词及排名情况

排名	政府	企业	媒体	学术界
1	标准	系统	企业	企业
2	技术	管理	发展	技术

续表

排名	政府	企业	媒体	学术界
3	工业	实现	技术	创新
4	企业	技术	创新	发展
5	发展	数据	工业	研究
6	应用	控制	制造业	制造业
7	建设	工厂	智能化	中国
8	管理	企业	改造	数据
9	系统	平台	实现	工业
10	服务	服务	中国	实现
11	质量	装备	数字化	价值
12	创新	项目	系统	能力
13	装备	过程	工厂	资源
14	推动	质量	推动	平台
15	互联网	智能化	提升	管理
16	体系	应用	转型	系统
17	数据	数字化	科技	服务
18	平台	工艺	升级	分析
19	提升	设计	建设	经济
20	制造业	分析	经济	模式
21	开展	研发	服务	智能化
22	设计	模式	平台	战略
23	基础	建立	应用	影响
24	安全	车间	互联网	需求
25	领域	自动化	质量	过程
26	重点	流程	研发	市场
27	加强	建设	机器人	应用
28	绿色	提高	项目	基础
29	能力	集成	车间	转型
30	加快	系统	领域	水平

在表9-3中，技术、企业、系统、服务和平台等词汇被四大利益相关者共同视为高频词，且在企业、媒体和学术界的语料库中，分别有高达17

个、19 个和 19 个高频词与政府的高频词一致，这一数据分析结果体现了这些群体与政府之间具有较高的协同性。

在深入分析政府语料库时，课题组发现其中存在着若干特定的高频词汇，这些词汇往往与政府机构的独特视角和立场紧密相连，例如"环保"和"安全"等词。这说明政府作为利益相关者之一，在我国数智化相关政策制定的过程中更重视和强调长期导向与环境可持续发展，而其他三大核心利益相关者（企业、媒体和学术界）对环境保护的重视程度相对较弱。

9.4.2 共词分析

本研究对技术和服务这两个共同的高频词汇进行了共词分析，旨在探究它们与其他词汇的关联度。在表 9 - 4 和表 9 - 5 中，分别列出了与这两个词汇共现的其他词汇，并根据它们之间的关联紧密程度进行了从高到低的排序。为了更直观地研究这些词汇在不同语料库中的联系，在企业、媒体和学术界的对应表格中以添加文本底纹的方式标识了那些与政府语料库中特定词汇相匹配的项。表 9 - 4 列出了与"技术"相关程度较高的词语。"技术"一词常与"企业""创新""发展"等词汇相伴出现，特别是在媒体和学术界的语料库中，"创新"一词与"技术"的共现频率尤为显著，这凸显了技术创新在企业和学术界中的重要地位。表 9 - 5 列出了与"服务"紧密搭配的词语。"服务"与"技术""平台""企业"等词密切相关。其中"服务"与"企业"在四个语料库中的联系都很密切。

表 9 - 4　　　　　　　　　"技术"的共词分析结果

排名	政府	企业	媒体	学术界
1	应用	实现	发展	企业
2	标准	系统	企业	创新
3	企业	管理	创新	发展
4	发展	企业	工业	研究
5	工业	工厂	应用	实现
6	建设	应用	实现	制造业

排名	政府	企业	媒体	学术界
7	系统	平台	推动	工业
8	创新	项目	制造业	应用
9	推动	控制	智能化	能力
10	管理	数据	数字化	系统

表9-5 **"服务"的共词分析结果**

排名	政府	企业	媒体	学术界
1	企业	平台	企业	企业
2	技术	实现	发展	技术
3	发展	系统	—	—
4	建设	管理	—	—
5	应用	技术	—	—
6	工业	—	—	—
7	平台	—	—	—

共词分析结果显示，企业、媒体与学术界与政府的协同性都比较高，这与词频分析的结论一致。但是相较于企业而言，媒体和学术界与政府的协同性更高，特别是在"技术"的共词分析结果中，有60%的词语与政府重合，这说明媒体在传播、引导、监督和协调国家政策等方面发挥着重要作用，为数智化政策方针的制定和实施提供了重要的支持。同时，政府与媒体之间的密切沟通和协调，确保了数智化政策方针的顺利传播和实施。此外，学术界的研究工作也紧密围绕着这些政策背景进行，确保研究成果与政策目标相契合。

9.4.3　主题聚类

本研究以政府为例进行主题聚类分析，其他三个利益相关者主题聚类处理类似。

首先，使用 ROST CM 6 软件对学术界文本数据进行分析得出学术界的共词矩阵，并对生成的共词矩阵进行处理。具体操作如下：将共词矩阵排名在三十以后的关键词进行删除处理，为了使聚类结果更加精确，对排名前三十的关键词进行筛选，去掉一些实际含义不大的动词，如"建设""推动""提升""开展""加强""加快""实现""建立""提高""实现"等。

其次，将共词矩阵转化为相似矩阵和相异矩阵，以更好地在 SPSS 中进行聚类分析。本研究使用 Ochiia 系数将共词矩阵转化为相似矩阵（李梅等，2018），计算公式如下：

$$\text{Ochiia 系数} = \frac{\text{关键词 A 与 B 共现次数}}{\sqrt{\text{A 的词频}} \ \sqrt{\text{B 的词频}}}$$

相似矩阵中的数据为相似数据，其数值大小表示两个关键词的距离远近程度（李纲和吴瑞，2011），即数值越大，两个关键词的距离越近，相似度越高。表 9-6 所展现的矩阵描绘了政府部分关键词之间的相似性，为了避免相似矩阵中过多零值而产生误差，对数据作进一步处理，即将相似矩阵转化为相异矩阵，见表 9-7。

表 9-6   政府相似矩阵（局部）

	标准	技术	工业	企业	应用
标准	1.0000	0.2026	0.1158	0.1255	0.1835
技术	0.2026	1.0000	0.2038	0.2311	0.3165
工业	0.1158	0.2038	1.0000	0.1806	0.2041
企业	0.1255	0.2311	0.1806	1.0000	0.2127
应用	0.1835	0.3165	0.2041	0.2127	1.0000

表 9-7   政府相异矩阵（局部）

	标准	技术	工业	企业	应用
标准	0.0000	0.7974	0.8842	0.8745	0.8165
技术	0.7974	0.0000	0.7962	0.7689	0.6835
工业	0.8842	0.7962	0.0000	0.8194	0.7959
企业	0.8745	0.7689	0.8194	0.0000	0.7873
应用	0.8165	0.6835	0.7959	0.7873	0.0000

最后，把相异矩阵数据导入 SPSS 统计分析软件中进行层次聚类分析，经过比较，对政府的数据采用组内联接配合余弦距离的方法。经过聚类得到层次聚类谱系图，如图 9 - 2 所示。经过对比，当聚类数为 5 时，聚类结果更易于进行主题的归纳分析，因此选取聚类数为 5 时的聚类结果。通过总结这五组词的共同特点，得出政府关注的五大主题，如表 9 - 8 所示。

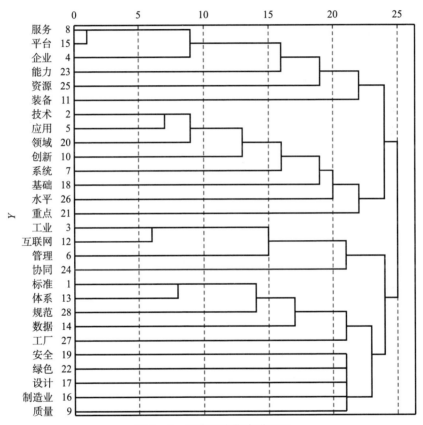

图 9 - 2 政府层次聚类谱系图

表 9 - 8 政府主题聚类结果

主题	关键词
技术创新	技术 应用 系统 创新 基础 领域 重点 水平
服务化	企业 服务 装备 平台 能力 资源
贯标体系建设	标准 体系 数据 工厂 规范

主题	关键词
工业互联网	工业　管理　互联网　协同
绿色发展	质量　制造业　设计　安全　绿色

如上步骤，对企业、媒体、学术界三个语料库进行主题聚类。值得注意的是，不同利益相关者文本数据的不同使得在数据分析时选取的方法和聚类数有一定差异。经过比较分析，对企业数据进行主题聚类时，采用组内联接配合平方欧式距离的方法并选取聚类数为 3 时的聚类结果，如表 9 - 9 所示；对媒体数据进行主题聚类时，采用组内联接配合欧式距离的方法并选取聚类数为 4 时的聚类结果，如表 9 - 10 所示；对学术界数据进行主题聚类时，采用组间联接配合平方欧式距离的方法并选取聚类数为 4 时的聚类结果，如表 9 - 11 所示。

表 9 - 9　　　　　　　　企业主题聚类结果

主题	关键词
生产、管理技术创新	系统　管理　技术　数据　控制　企业　项目　过程　质量　分析　研发　车间　流程　集成
设计技术创新	工厂　装备　智能化　数字化　设计　自动化
服务化	平台　服务　应用　工艺　模式

表 9 - 10　　　　　　　　媒体主题聚类结果

主题	关键词
技术创新	技术　创新　系统　科技　应用
服务化	企业　制造业　智能化　数字化　转型　服务　研发　领域
工业互联网	工业　中国　平台　互联网　项目
工业机器人	工厂　经济　质量　机器人　车间

表 9 - 11　　　　　　　　学术界主题聚类结果

主题	关键词
管理技术创新	企业　技术　创新　研究　能力　管理　模式　影响　应用
服务化	数据　资源　系统　服务　战略　需求　过程　市场　基础

主题	关键词
数字化转型	价值 平台 转型 水平 数字化
智能化改造	制造业 中国 工业 经济 智能化

主题聚类结果显示，四大利益相关者均高度关注的主题为技术创新与服务化。（1）技术创新：技术创新包括设计技术创新、生产技术创新以及管理技术创新等。四大利益相关者对技术创新的关注点略有不同，学术界更为关注管理技术创新，相关关键词有管理、模式、应用等；而企业的关注点则较为全面，三个方面均有涉及。（2）服务化：这个主题涉及的关键词有服务、市场、企业等。四大利益相关者虽都有关注服务化，但是所涉及的关键词不尽相同，说明不同利益相关者所关注的服务化焦点也不同。

尽管有着共同的核心议题，但不同的利益相关者所关注的具体议题却在一定程度上呈现出差异性。政府更加注重基础设施建设，涵盖以下方面：一是加速工业互联网基础设施布局，二是优化数智化网络信息平台，三是完善贯标体系建设，四是强化信息安全防护机制，这些措施共同构成了数智化能力培育的基石。其中工业互联网与贯标体系建设两方面在政府的聚类结果中有所体现。媒体也有与基础设施建设相关的词语，但是对贯标体系建设未有涉及，除了基础设施建设外，媒体对智能生产环节也有一定关注度，如使用工业机器人进行生产技术创新，借此实现"人员精简、效率提升、品质优化、安全保障"的目标。学术界还对与数智化相关的两个主题数字化转型与智能化改造予以一定的关注。此外，政府文本库中对绿色发展这一主题也有所提及。利益相关者对数智化能力的认知比较结果如表9－12所示。

表9－12 利益相关者对数智化能力的认知比较

议题	政府	企业	媒体	学术界
智能产品	—	—	—	—
智能生产	技术创新	生产、管理、设计技术创新	技术创新 工业机器人	管理技术创新
产业模式	服务化	服务化	服务化	服务化

议题	政府	企业	媒体	学术界
基础设施	贯标体系建设 工业互联网	—	工业互联网	—
其他	绿色发展	—	—	智能化改造 数字化转型

9.5 结论与讨论

本章采用自然语言处理方法，深入剖析了政府、企业、媒体及学术界四大利益相关者群体对数智化能力的认知协同问题，旨在全面厘清不同群体对数智化能力的认知异同。结果显示，社会各界对数智化能力的关注焦点高度集中在技术创新与服务化这两大主题上，这反映出利益相关者在数智化能力的认知上已达成共识。

利益相关者的共识：根据研究结果，课题组识别出利益相关者的核心关切点。通过主题聚类，发现"技术创新"和"服务化"是横跨四个语料库的共同核心议题。同时，在进行词频分析时，"创新""技术""服务"等与之相关的关键词在四个语料库中出现的频率也较高。"中国制造2025"的基本方针为"创新驱动、质量为先、绿色发展、结构优化和人才为本"。利益相关者共同关注的主题与"中国制造2025"的基本方针相一致。但是经过进一步数据分析发现，人力资源作为企业进行技术创新的重要保障，在四大利益相关者的语料库中却没有得到体现，相关关键词"人才""教育"等的词频排名也较低。

利益相关者的分歧：利益相关者对数智化基础设施建设的关注度有一定差别，这在主题聚类的分析结果中得到体现。政府语料库对基础设施建设的关注点在于推进工业互联网建设和强化贯标体系建设，媒体对基础设施建设仅重点关注工业互联网建设，对贯标体系建设未有提及。这表明政府在政策制定中扮演着核心角色，其职责之一是构建数智化贯标体系框架，确立一系列以数智化为核心理念的技术规范。而企业与学术界的分析结果中没有与基础设施的建设这一维度相关的主题。此外，根据词频分析和主题聚类，课题组了解到政府语料库中有一个特有的主题——"绿色发展"，这与"中国制造 2025"的基本方针之一相一致。这说明利益相关者在推动绿色发展方面存在分歧，政府虽制定了一系列利用数智化赋能优势推动绿色发展的政策文件，但是企业、媒体和学术界并没有给予应有的关注。对于企业而言，在技术创新的过程中，其关注主要集中在数字化以及人工智能等前沿数字技术的实施与应用上，对于绿色技术领域的创新与突破，企业给予的关注则显得相对不足。学术界也有自己特有的主题，即"智能化改造"和"数字化转型"。其核心动力源自当前第四次工业革命的浪潮，这一浪潮正在重塑生产、交换、消费和分配的模式，从而引领人类生产方式实现质的飞跃，并促使经济结构发生深刻变革。

　　本章研究仍然存在以下研究局限，但这些研究局限也为未来研究指明了方向。（1）研究主要围绕文本资料展开，对政策执行中决策者裁量权的考量不足。为了增强结论的普遍适用性，未来研究可以通过深入访谈决策者，进行质性研究，对现有成果进行补充和验证。（2）研究忽略了英文学术文献中关于数智化能力的研究，研究资料的收集主要集中在中文文献上。为了获得更全面和多元的见解，未来研究可以纳入英文学术文献，对比中西方学者对数智化能力认知的异同。

第 10 章

以数智化能力助力传统产业
高质量发展的对策建议

10.1 引　言

信息网络技术迅猛发展，不断催生新技术、新产品与新模式，对传统产业各领域产生颠覆性影响。2024 年 7 月，中国共产党第二十届中央委员会第三次全体会议审议通过了《中共中央关于进一步全面深化改革、推进中国式现代化的决定》，该决定强调数字化与智能化融合的重要性，标志着数智化能力已成为推动产业共识与新质生产力发展的重要引擎。虽然近年来数智化相关产业占整体经济的比重不断加大，但部分地方部门仍沿用传统思维推动产业发展，员工的信息意识与信息素养也较为缺乏，导致传统产业数智化过程中还存在一些问题。传统产业数字化基础设施水平还不高、智慧产业化龙头企业缺少且竞争力不强、智慧产业项目资金投入不足、智慧机械装备领军企业缺少、智慧产业人才缺乏等问题依然是制约传统产业数智化转型与高质量发展的突出问题。因此，如何依托"十四五"规划对传统产业高质量发展的布局，进一步促进信息网络技术与传统产业深度融合，推动传统产业由单一产业链环节为主向研发、生产、贸易、物流与旅游等全产业链拓展，事关战略大局。本章以河南省传统产业发展为例，分析传统产业数智化实施过程中存在的问题，剖析传统产业数智化实施的时空特征与需遵循的原则，提出产业数字化基础设施建设工程、智慧产业化龙头企业培育提升工程、智慧产业项目建设工程、智慧机械装备领军企业培育工程与智慧人才队伍建设工程等五大工程，以数智化能力助力传统产业高质量发展，以期到2027 年一二三产业融合发展水平明显提升，生产体系、经营体系与产业体系更加健全，传统产业结构更加优化，发展质量显著提高。

10.2 传统产业数智化实施的时空特征

10.2.1 任务的高度叠加性

从"范式跃迁"视角来看，传统产业数智化实施过程主要分为两大阶段：第一阶段以"数字化补课"为核心主题，强调利用先进设备与技术对传统生产工艺进行改造升级；第二阶段以智能化创新为中心坐标，强调利用数字技术来重塑、创新与优化企业的业务流程与客户体验。与发达国家在完成数字化补课基础上启动智能化创新的"串联式"发展路径不同，我国要"两步并作一步走"，即数字化补课与智能化创新同频共振才更加契合传统产业数智化任务高度叠加性的实施要求。数字化补课与智能化创新的本质要求不同，但又紧密关联、环环相扣。多种互为支撑与递进的实施任务交织在一起，容易造成冲突矛盾的复杂局面，产生诸多风险，延缓传统产业数智化实施进度。因此，必须明确我国传统产业数智化多重目标与任务，在矛盾复杂、任务繁多的情境下，及时控制风险，处理矛盾，实现数字化补课与智能化创新的整体推进与协调发展。

10.2.2 模式的多元异质性

传统产业数智化实施应以数字技术与传统产业深度融合为主线，以实现跨越式发展为导向，完成由"跟跑""并跑"向"领跑"蜕变。跨越式发展意味着传统产业数智化实施既要实现数字化补课尚未实现的目标，又要对智能化创新的任务进行合理安排与规划。该"并联式"发展情境为我国传统产业提供了"串联式"发展所无法提供的选择空间，使得我国传统产业可以以灵活多样的形式实施数智化，分行业、分层次、分步骤推进传统产业数智化实施，形成工厂、场景、产业链与产业集群立体式传统产业数智化实施模式。技术供给与市场需求的多样化使得我国各类传统企业能够立足自身发展定位，在降本、增效、提质、扩绿等多重目标中精准识别数智化现阶段实施目标，自主探索具有多元异质性的传统产业数智化实施模式，超越发达国家传统产业数智化实施的渐序发展模式，从而实现"弯道超车"，开辟具有鲜明中国特色的新型现代化发展道路。

10.3 传统产业数智化实施需遵循的原则与多元路径

10.3.1 需遵循的原则

1. 相互推促：辩证把握业务流程加速与业务流程重构的内在张力

数字化补课强调利用业务流程加速机制对运作效率的促进效应，具体而言，数字化补课通过先进设备与技术内嵌了大量优秀业务流程实践，是业务流程实践的固化，降低了内外部知识的搜寻成本。智能化创新则强调利用重构业务流程与创新业务流程与范式的机制，此时数字技术不再只是辅助决策的工具，而成为业务流程活动的创新方式，形成数据驱动的业务运作模式。业务流程加速会促进流程固化，形成组织惯性，而业务流程重构会导致业务流程的混乱与冲突。此时，"并联式"情境下我国传统产业数智化实施通过合理分配认知资源，将业务流程加速与业务流程重构统一协调，避免单独实施业务流程加速导致的流程固化以及实施业务流程重构带来的混乱局面，针对不同情境差异化地制定适应性实施策略，使两者达到动态平衡。

2. 交叉叠加：破解效率与灵活性的零和博弈

在运作管理领域，有关生产力困境的探讨由来已久。生产力困境强调企业追求高效率的运作行为，在提升生产力的同时使得企业反应迟钝且变得脆弱，导致灵活性的降低，难以形成组织韧性抵抗运作风险。关于生产力困境，现有的解决办法均只是试图在效率与灵活性中取得平衡，即企业运作灵活性的提高需以效率的降低为代价。要实现效率与灵活性的兼得，破解效率与灵活性的零和博弈，我国传统产业数智化实施就必须汲取西方发达国家产业发展的教训，不再走先数字化补课再智能化创新的老路。数字化补课强调通过先进设备与技术对流水线运作方式的改造提升运作效率并形成规模效应，智能化创新则强调通过打通数据流来完成定制化流水线的打造，提升运作灵活性并满足客户多样化的个性需求。"并联式"情境下我国传统产业数智化实施将产业转型新业态作为主要实现目标，在强调运作效率的同时追求更多的灵活性，实现两者的互补协同发展，在一定程度上缓解了传统产业陷入生产力困境的风险。

3. 双向平衡：妥善处理渐变式创新与突破式创新的关系

数字化补课强调传统生产工艺的改造升级，通过持续的流程革新或产品改进来提高性能，以渐变式创新的方式保持业务的平稳运行与逐步提高。智能化创新则强调重塑业务流程与客户体验，要求我国传统产业重新定义业务边界与空间，重构核心业务与商业模式，以突破式创新的方式实现产业转型新业态。渐进式创新与突破式创新是一对相互支撑与促进的创新能力，渐进式创新是连续性的，是量变的代表，而突破式创新是非连续性的，是质变的化身。此时，"并联式"情境下我国传统产业数智化实施通过不断探索与利用逐步提升创新能力，针对不同情境灵活地制定适应性实施策略，维持渐变式创新与突破式创新的动态平衡，保证已有业务流程平稳运行的同时，高效适应创新业务对敏捷灵活的要求。

10.3.2　多元路径

基于先前研究（Parker S K & Collins C G，2010）提出的主动动机模型（Proactive Motivation Model），分别从"能够做""应该做""想要做"三条路径探索传统产业数智化对员工数智化转型绩效的驱动过程，并考察环境动态性的调节效应，构建基于主动动机模型的传统产业数智化实施的多元路径。

1. 实施路径一：基于自我效能理论的传统产业数智化实施路径

数智自我效能感是指传统产业员工对自己执行数智化任务和数智化活动的能力信心感知，其主要来源分别是成功体验、间接经验、情绪唤起与社会说服。首先，在成功体验层面，企业将员工的数智化行为表现与晋升、薪酬、绩效等挂钩，对数智化行为表现优秀的员工进行奖励，强化员工的成功体验，提升其自我效能感；其次，在间接经验层面，在数智化理念上表现较好的企业员工，将得到更多的薪酬福利与工作晋升机会，极大地鼓舞其他员工对数智化工作完成的信心；再次，在情绪唤起层面，传统产业数智化宣扬生态圈的构建与生态系统理念，注重企业员工共享开放的企业文化氛围，增强员工开展数智化活动的心理安全感；最后，在社会说服层面，传统产业数智化通过一系列数智化工作与数智化活动相关理论知识与技能培训，向员工揭示数智化转型的意义与价值，增强员工主动开展多种数智化活动的自我效能感。因此，本章提出以下命题。

命题 10－1：传统产业数智化正向影响员工数智自我效能感。

数智自我效能感是员工数智化转型绩效的重要前因，是员工数智化转型绩效的有效驱动变量。首先，数智自我效能感较高的员工对完成数智化任务与目标具有更坚定的信心，更倾向于接受数智化任务，致力于数智化目标的实现；其次，数智自我效能感较高的员工，在传统产业数智化过程中遭遇变革危机与困难时，更倾向于接受挑战并付出自身更多的努力；最后，数智自我效能感较高的员工，对传统产业数智化情境的解读越积极。因此，本章提出以下命题。

命题 10－2：数智自我效能感正向影响员工数智化转型绩效。

命题 10－3：传统产业数智化通过数智自我效能感的中介作用影响员工数智化转型绩效。

环境不确定性越高，传统产业员工对组织变革与生态圈构建的数智化实践越敏感，更倾向于积极实施数智化相关实践活动，并采取行动进行灵活调整以维护所在企业的利益。因此，本章提出以下命题。

命题 10－4：环境动态性正向调节传统产业数智化与数智自我效能感的关系。

2. 实施路径二：基于身份理论的传统产业数智化实施路径

数智人身份是指员工在企业中感知到自己作为"数智人"身份的程度，其是员工自我概念一定程度的反映。身份理论的观点强调企业作为员工工作与生活的重要场所，会通过企业措施与实践传递企业的价值、态度与规范来塑造员工的身份。因此，传统产业数智化作为重要的企业情境，对员工的数智人身份具有极大的塑造作用。一方面，传统产业数智化关注员工的数智化工作与数智化活动，充分表达对员工适应数智化情境的重视，有利于促进员工的数智胜任感，进而形成数智人身份。另一方面，传统产业数智化不仅关注员工数智化工作与数智化活动，也注重将这种数智理念泛化于企业外的生态圈构建，并通过设置相关激励措施，如将考核、薪酬、晋升等与员工的数智化行为表现挂钩，倡导员工积极参与生态圈实践，践行企业的高质量发展理念。这些数智化实践不仅向员工传递了企业对数智化理念与价值的重视，也有利于构建人机一体化的传统产业生态圈，塑造员工的数智人身份。因此，本章提出以下命题。

命题 10 - 5：传统产业数智化正向影响员工的数智人身份。

身份理论的观点进一步认为，员工自身的认知会影响其后续的行为，即员工愿意依据其自身的认知来形塑其在生活、工作、学习等方面的行为表现，维持其自我认知系统的一致性、稳定性与连贯性。因此，具有数智人身份的员工源于对企业"数智人"自我身份的感知，会接受"应该做"动机影响，自觉维护企业利益并为企业高质量发展作出贡献。故可推断出，当传统产业通过实施相关数智化实践塑造员工的数智人身份时，会让员工形成"数智人"意识，尤其当企业遭遇数智化所带来的企业变革时，具有数智人身份的员工更倾向于积极寻求人机一体化的数智化系统解决方案以应对挑战，实现人智协同。因此，本章提出以下命题。

命题 10 - 6：数智人身份正向影响员工数智化转型绩效。

命题 10 - 7：传统产业数智化转型通过数智人身份的中介作用影响员工数智化转型绩效。

在动态的业务环境下，传统产业数智化对内关注员工数智化行为表现，对外关注人机一体化的数智化生态圈构建，会促进员工对数智化工作的自豪感与自我认同感，提升其数智人身份。因此，本章提出以下命题。

命题 10 - 8：环境动态性正向调节传统产业数智化与数智人身份的关系。

3. **实施路径三：基于情感事件理论的传统产业数智化实施路径**

同理心是指员工身临其境地感知他人心理状态的能力。基于情感事件理论，本章认为传统产业数智化能通过人工智能等技术的拟人化利用同理心的中介效应形塑企业员工数智化转型行为。一方面，传统产业数智化通过一系列数智知识、理念培训，将企业内部员工与企业外部受其数智化影响的人或物联系起来。当员工意识到其数智化工作与数智化活动对他人的广泛影响时，则更能有效激发其做出积极反应。另一方面，传统产业数智化宣扬了开放、共享的价值观，倡导员工关注数智化生态圈内其他利益相关者的需求，激发员工帮助数智化生态圈内其他利益相关者。实际上，传统产业数智化作为一类情感事件，会诱发员工的同理心。因此，本章提出以下命题。

命题 10 - 9：传统产业数智化正向影响员工同理心。

情感事件理论认为，工作场所中的情感事件会诱发员工某些特定的情感反应，这些特定的情感反应进而会影响员工在其工作场所中的态度和行为。同理心作为一种他人导向型的情感反应，会诱发员工做出利他性的行为活动。具有较高同理心的员工会更关注集体利益，更可能会对数智化生态圈内其他利益相关者的需求更加敏感，理解其他利益相关者的想法。当企业遭遇数智化引发的企业变革阻力时，受同理心影响的员工更倾向于积极寻求有效解决方案，帮助其所在企业共渡难关。因此，本章提出以下命题。

命题 10 - 10：同理心正向影响员工数智化转型绩效。

命题 10 - 11：传统产业数智化通过同理心的中介作用影响员工数智化转型绩效。

传统产业数智化倡导员工关注数智化生态圈内其他利益相关者的责任与需求。而在动态的业务环境下，通过数智化理念的引导与宣传，员工对数智化生态圈内其他利益相关者的需求感受与危机挑战感受更加明显，则更倾向于产生同理心。因此，本章提出以下命题。

命题 10 - 12：环境动态性正向调节传统产业数智化与同理心的关系。

综上所述，本章构建了传统产业数智化实施的多元路径，如图 10 - 1 所示。

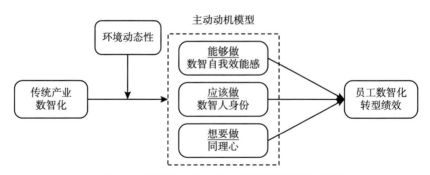

图 10 - 1 传统产业数智化多元实施路径理论模型

上述理论模型建立了传统产业数智化与员工数智化转型绩效之间的关系。即从传统产业数智化角度厘清员工数智化转型绩效的影响因素，揭示了传统产业数智化对员工数智化转型绩效的培育作用。该理论模型从帕克和柯林斯（Parker S K & Collins C G，2010）提出的主动动机理论出发，分别从"能够做""应该做""想要做"三条路径拟合数智自我效能感、数智人身份、同理心在传统产业数智化与员工数智化转型绩效之间的中介作用机制。该理论模型识别了环境动态性的调节效应，提出在动态的业务环境下，数智自我效能感、数智人身份、同理心在传统产业数智化与员工数智化转型绩效之间的中介效应更为显著。

10.4　以数智化能力助力传统产业高质量发展的问题与对策建议

国务院办公厅于 2019 年 3 月发布的《2019 年国务院政府工作报告》强调应深化大数据、人工智能等信息网络技术的研发应用，将传统产业数智化作为产业现代化发展的重要内容。虽然在政策助推下我国在以数智化能力助力传统产业发展上取得积极进展，但仍存在一些问题，本章以河南省传统产业为例，主要问题体现在以下五个方面：一是传统产业数字化基础设施水平还不高。如截至 2020 年 9 月底，河南农村移动宽带用户普及率为 83.8%，距离《关于加快推进农业信息化和数字乡村建设的实施意见》中给出的移动宽带用户普及率 85% 以上这一发展目标还有一定差距，产业数字化基础设施还有待完善。二是智慧产业化龙头企业缺少且竞争力不强。如 2020 年，河南省级以上产业化龙头企业少于山东等省份，智慧产业化龙头企业更少。同时，由智慧产业化龙头企业牵引的智慧产业园区还不多，缺乏整体规划协调，价值链信息难以互联互通、协同共享，造成价值链难以贯通，未形成足够的价值链竞争优势。三是智慧产业项目资金投入不足。如河南各类传统农业项目多偏重口粮生产供给、粮食储运交易、农业期货价格等，直接涉及产业智慧化的项目较少，导致信息网络技术与现代产业深度融合成效还不够显著，无法起到引领发展的作用。四是智慧机械装备领军企业缺少。河南虽然近年来科技创新综合实力显著提升，但在低成本、易用与实用的智慧机械装备研发水平还不高，导致智慧机械装备领军企业还较为缺乏，生产经营主体实施智慧机械装备的意愿不强。五是智慧产业人才缺乏。目前既懂信息网络技术又熟悉传统产业专业知识的复合型人才缺乏，无法满足智慧产业对人才的迫切性需求，人才难以向地区基层一线流动，导致越是在基层这种人才缺乏情况越严重，阻碍了传统产业数智化的实施与推广。

鉴于传统产业在数智化方面还存在上述若干问题，在今后一段时间，应在满足产品产量需求的基础上，发挥信息网络技术赋能优势，注重产业价值链的延伸，提升传统产业全要素生产率。为了加快推进以数智化能力助力传统产业高质量发展，于 2027 年之前要做好以下五大工程。

10.4.1　数字化基础设施建设工程

依托"十四五"规划，加强网络基础设施建设的投入，加快固定宽带与移动宽带的普及，为传统产业化提供网络化支撑。在此基础上，进一步发挥信息网络技术的赋能优势，加快信息网络技术在传统产业的应用，开展智慧产业大数据应用工程，推动产业大数据在质量监管、精准生产、综合分析、辅助决策与预警预测等方面的应用。如在传统农业产业基地建立信息网络技术示范基地，将智慧水利灌溉、农机耕作指挥调度、农业信息服务、气象综合信息、智慧大棚育苗与智慧种植经营相结合，促进产业链要素的协同优化配置。同时，围绕传统产业数智化的实际需求，制定相应的包括业务标准、管理标准、技术标准、数据标准等在内的智慧产业大数据标准规范，构建较完善的智慧产业大数据标准体系。

10.4.2　智慧产业化龙头企业培育提升工程

1. 智慧产业化龙头企业培育工程

依托区位优势，扶持一批国家级重点智慧产业化龙头企业。引导智慧产业化龙头企业从质量安全、管理机构、管理制度等多方面构建生产、加工、包装、流通、销售与服务等环节的全产业链信息监控体系，打造一批特色产品品牌、龙头企业与平台载体。同时鼓励智慧产业化龙头企业在互惠互利的基础上，通过股份制等多样化合作形式，发展更紧密的智慧产业化联合体，发挥智慧产业化龙头企业的带动作用。围绕优势产品区域布局，遴选具有竞争力的智慧产业化龙头企业，培育智慧产业化联合体示范单位，推广经验模式，加强政策引导，指导其他企业深入分析自身短板，找准制约企业发展的症结所在，同时帮助企业制定对标方案，实施对标计划。

2. 智慧产业园区建设工程

由智慧产业化龙头企业牵引，建设智慧产业联盟，打造智慧产业示范园区，并依托智慧产业创新创业孵化平台，引导产业创新创业经营主体实施产业质量追溯系统，在产前、产中与产后各产业链环节进行精细化管理，培育具有较强竞争力的特色产品品牌，探索建立智慧产业园区发展长效机制。围绕主导产业，鼓励企业开展大数据、物联网、智能识别、遥感监测与人工智能等信息网络技术应用示范研究，探索模式创新、技术创新与产业创新。完善科技综合服务体系，发挥科技专家自身管理、信息与技术等优势，开展生产经营、物流配送、电子商务等管理知识培训。

10.4.3　智慧产业项目建设工程

1. 产品电商交易平台推进工程

积极引进国内外产品电商网站设点布局，加大对本地产品电商网站的引导与扶持，发展大宗产品电商交易平台，大力支持产品电商网站业务开展。同时，鼓励企业结合自身的业务特点自主建立电商网站，推动大型产品批发市场开发电商服务，加快交付服务速度，降低交易成本。积极利用地区综合服务社与地区网格化管理站等相关资源与设施，充分开展电商创业行动，推动电商交易平台的发展。依托已有国家级人才资源和人才培养平台，借助地区科教资源，加大对电商网站人才培育力度，切实提升电商应用服务能力。

2. 产品智慧物流园区建设工程

支持建设地区性产品智慧物流园区，加快产品物流各环节信息的互联互通，推进物流信息系统集成改造，提升产品物流园区基础设施水平，引导国内外主要品牌物流企业入驻产品物流园区提供高质量的产品物流配送服务，提升产品物流园区增值服务功能。鼓励产品仓储企业应用信息化软件系统、智能装备，完善冷链仓储设备，实施具有智能感知功能的仓储系统，建立智能化立体仓库。支持产品品牌物流企业建立产品物流云平台，加快智能物流技术设备的应用示范，鼓励产业链上下游企业上云，打造引领传统产业高质量发展的产品物流平台，实现"质量增信"。

3. 产品加工业智慧化推进工程

建立省级重点产品智慧化加工基地，积极推进产品加工业及精深产品加工业智慧化，加快一二三产业融合发展示范区建设，围绕产品加工产业汇聚资源，努力强链扩链，完善产业链条及技术、服务与金融等配套支持，形成产品加工产业集群，打造以产品加工企业为核心、产业链上下游企业及配套支持企业协同共生的智慧产业链生态系统。从顶层设计出发，构建传统产业资源共享服务平台，促进同类企业的多种形式合作交流从而带动传统加工产业数智化发展。遴选发展基础较好的产品加工产业集群，实施智慧产业链协同创新工程，围绕产品加工企业面临的关键共性技术难题，构建科技信息共享服务平台，协同开展技术合作攻关，提升产品加工业及精深加工业的竞争力。

10.4.4 智慧机械装备领军企业培育工程

以信息化和工业化融合管理体系贯标为抓手，以工业互联网为载体，培育多家智慧机械装备领军企业，构建人、机、物互联的智慧机械装备产业体系。智慧机械装备领军企业应着重从传统的机械装备制造商转变为机械装备制造服务商，鼓励智慧机械装备企业向客户提供机械装备"制造＋服务"一体化解决方案，提升产品附加值。依托信息网络技术等技术条件，大力推进物联网、卫星遥感等信息技术与机械智能终端、无人机等装备的示范应用，培育跨界融合的新型产业模式，提供智慧机械服务解决方案，打造智慧机械服务新业态。

10.4.5 智慧产业人才队伍建设工程

优秀产业人才队伍的建设是传统产业数智化的重要支撑与基础保障，应充分抓住新时期发展机遇，健全完善人才成长环境，打造一批高素质的智慧产业人才队伍。首先，利用科研机构、高等学校等智力资源，搭建智慧产业引才聚才平台，做好优秀产业人才宣传工作，关注产业人才的相关文章以及视频，利用微信公众号、朋友圈、微博以及短视频平台展出，邀请优秀的智慧产业人才制作视频或相关的纪录片，让人才真切感受到社会的关注。其次，制定智慧产业人才专项规划，建立智慧产业人才教育培训基地，完善智慧产业人才需求库与人才信息库，为智慧产业人才提供项目申报、政策咨询等服务，使智慧产业人才能真正与产业需求精准匹配，推动智慧产业人才队伍建设的规范化与制度化。只有良好的社会环境才能孕育优秀的智慧产业人才，应通过行业协会等社会组织，定期开展人才交流会，并通过职业技能比赛、创新创业大赛与优秀人才评选等途径，引导智慧产业人才力争上游，使优秀的人才源源不断涌现。

参 考 文 献

[1] 曹海军，侯甜甜．我国城市网格化管理的注意力变迁及逻辑演绎——基于2005—2021年中央政策文本的共词与聚类分析［J］．南通大学学报（社会科学版），2022，38（2）：73－83．

[2] 曹忠鹏，赵晓煜，代祺．顾客继续使用自助服务技术影响因素研究［J］．南开管理评论，2010，13（3）：90－100．

[3] 查先进，张坤，严亚兰．数字图书馆智能信息推荐服务满意度影响机理的扎根研究［J］．情报学报，2022，41（1）：83－95．

[4] 池毛毛，李延晖，王伟军，等．基于IT双元性视角的企业电子商务价值创造：双元能力和IT治理的作用［J］．系统管理学报，2019，28（5）：833－845．

[5] 池毛毛，赵晶，李延晖，等．企业平台双元性的实现构型研究：一项模糊集的定性比较分析［J］．南开管理评论，2017，20（3）：65－76．

[6] 迟嘉昱，孙翎，童燕军．企业内外部IT能力对绩效的影响机制研究［J］．管理学报，2012，9（1）：108－114．

[7] 邓朝华，鲁耀斌，汪曼．基于IDT/TTF整合模型的企业移动服务采纳实证研究［J］．南开管理评论，2008，11（3）：104－110．

[8] 丁秀好，武素明．IT能力对开放式创新绩效的影响：知识整合能力的中介效应［J］．管理评论，2020，32（10）：147－157．

[9] 高亮，吉敏，杨敬辉．中小企业智能制造能力成熟度模型［J］．科技管理研究，2022，42（6）：36－42．

[10] 高沛然，张金隆，艾学轶，等．高层管理支持、IT资源与IT吸收的关系研究［J］．管理评论，2019，31（5）：128－138，290．

[11] 郭晓川，付馨蕊，李鹏程．高层管理者认知、开放式创新与企业数字化转型——基于高新技术企业的实证研究［J］．科学管理研究，2024，

42（3）：66-75.

[12] 何一清，崔连广，王迎军．知识架构、信息筛选与群体对立认知机制［J］．科学学研究，2015，33（10）：1447-1455.

[13] 胡皓，王念新，葛世伦．多维度信息技术匹配对企业敏捷性影响的实证研究［J］．管理评论，2022，34（4）：140-152.

[14] 胡敏，易明，刘继月．青年用户网络表情符号使用意愿影响研究［J］．图书情报知识，2022，39（2）：6-19.

[15] 胡志明．制造业转型升级政策的多维度协同及优化研究［D］．武汉：华中科技大学，2022.

[16] 李纲，吴瑞．国内近十年竞争情报领域研究热点分析——基于共词分析［J］．情报科学，2011，29（9）：1289-1293.

[17] 李梅，苗润莲，张敏．基于共词分析的我国资源环境领域研究热点分析［J］．中国环境管理，2018，10（2）：73-77.

[18] 梁玲玲，李烨，陈松．数智赋能对企业开放式创新的影响：数智双元能力和资源复合效率的中介作用［J］．技术经济，2022，41（6）：59-69.

[19] 刘敏，刘汕，张金隆．风险环境下企业信息系统项目控制对绩效的影响机制研究：基于项目经理和用户代表的双重视角［J］．中国管理科学，2015，23（10）：79-87.

[20] 刘锡禄，陈志军，马鹏程．信息技术背景 CEO 与企业数字化转型［J］．中国软科学，2023，38（1）：134-144.

[21] 刘志亮．企业 IT 服务质量评价模型及其应用［D］．武汉：华中科技大学，2013.

[22] 卢新元，高沛然，周茜．IT 外包中知识转移的情境因素分析——基于质与量结合的实证研究［J］．情报学报，2013，32（2）：154-162.

[23] 吕铁，刘丹．制造业高质量发展：差距、问题与举措［J］．学习与探索，2019，282（1）：111-117.

[24] 马倩，杨德林，邹济，等．智能制造孵化器的核心能力构建研究［J］．技术经济，2021，40（5）：146-158.

[25] 毛弘毅，张金隆．多层次信息技术能力与组织竞争优势的研究［J］．管理学报，2014，11（2）：288-292.

[26] 毛弘毅．信息技术与知识管理能力驱动的组织敏捷性研究［D］．

武汉：华中科技大学，2015.

［27］钱雨，孙新波，孙浩博，等．数字化时代敏捷组织的构成要素、研究框架及未来展望［J］．研究与发展管理，2021，33（6）：58-74.

［28］邵真，冯玉强，王铁男．变革型领导风格对企业信息系统学习的作用机制研究——组织学习型文化的中介作用［J］．管理评论，2015，27（11）：140-150.

［29］邵真，冯玉强，王铁男．变革型领导风格和信息系统——业务战略协同对企业信息系统消化吸收的影响［J］．系统管理学报，2017，26（1）：124-132.

［30］史永乐，严良．智能制造高质量发展的"技术能力"：框架及验证——基于 CPS 理论与实践的二维视野［J］．经济学家，2019，31（9）：83-92.

［31］孙建军，王树祥，苏志文，等．双元创新价值链模型构建：基于扎根理论的企业创新模式研究［J］．管理评论，2022，34（5）：340-352.

［32］孙强，左天祖，刘伟．IT 服务管理——概念，理解与实施［M］．北京：机械工业出版社，2004.

［33］孙新波，李祎祯，张明超．智能制造企业数字化赋能供应链敏捷性实现机理的案例研究［J］．管理学报，2023，20（8）：1116-1127.

［34］孙新波，刘剑桥，张明超，等．工业互联网平台赋能参与型制造企业价值链重构绩效的组态分析［J］．管理学报，2024，21（6）：811-820.

［35］孙新波，钱雨，张明超，等．大数据驱动企业供应链敏捷性的实现机理研究［J］．管理世界，2019，35（9）：133-151，200.

［36］王金凤，余良如，冯立杰，等．新创企业管理者能力与商业模式创新关系研究——环境动态性的调节作用［J］．管理学刊，2019，32（5）：47-55.

［37］王康周，彭波，江志斌．新信息技术驱动的制造服务化价值创造过程：基于徐工的探索性案例研究［J］．管理评论，2021，33（11）：275-285.

［38］王玉．数字经济对中小制造企业转型的影响研究［J］．经济社会体制比较，2021，40（3）：47-57.

［39］王志红，曹树金. 视频检索相关性判断的影响因素：基于 PLS 路径分析的实证研究［J］. 情报学报，2020，39（9）：926 - 937.

［40］吴航，陈劲. 探索性与利用性国际化的创新效应：基于权变理论的匹配检验［J］. 科研管理，2019，40（11）：102 - 110.

［41］吴珊，龚业明，张金隆. 中国智能制造百强评价及发展研究［J］. 管理学报，2020，17（2）：159 - 165.

［42］吴晓云，陈鹏飞. 信息技术对服务企业组织敏捷性影响的实证研究［J］. 外国经济与管理，2015，37（9）：80 - 96.

［43］武素明，丁秀好. 信息技术悖论：企业外部社会资本和学习导向的调节作用分析［J］. 管理工程学报，2021，35（3）：13 - 22.

［44］肖静华，吴小龙，谢康，等. 信息技术驱动中国制造转型升级——美的智能制造跨越式战略变革纵向案例研究［J］. 管理世界，2021，37（3）：161 - 179，225，11.

［45］叶竹馨，买忆媛. 探索式即兴与开发式即兴：双元性视角的创业企业即兴行为研究［J］. 南开管理评论，2018，21（4）：15 - 25.

［46］易伟明，董沛武，王晶. 基于高阶张量分析的企业智能制造能力评价模型研究［J］. 工业技术经济，2018，291（1）：11 - 16.

［47］殷国鹏，陈禹. 基于资源观的企业 IT 能力理论及实证研究［J］. 南开管理评论，2007，10（1）：26 - 31.

［48］殷国鹏，杨波. 企业信息技术吸收的个体及组织层面研究因素——基于结构化理论分析视角［J］. 情报学报，2013，32（7）：752 - 762.

［49］尹华，余昊，谢庆. 基于价值链优化的制造企业智能化转型升级研究［J］. 中国科技论坛，2021，2（3）：113 - 122.

［50］于淼，刘铭基，赵旭. 企业数字化转型需要什么样的"领航员"：基于机器学习方法的考察［J］. 中国软科学，2024，39（5）：173 - 187.

［51］余艳，王雪莹，毛基业. 数字化投资与认知互补增效——高层梯队理论视角［J］. 管理科学学报，2024，27（4）：41 - 64.

［52］张金隆，高沛然，吴珊. 企业 IT 服务管理能力评价与优化模型［J］. 复杂科学管理，2020，1（1）：45 - 61.

［53］张进澳，陈亮，陈红丽. 生成式人工智能环境下人智协同的前沿分析与机会挖掘——基于扎根理论的综述研究［J］. 数字图书馆论坛，

2024, 20 (6): 23 - 32.

[54] 张明超, 孙新波, 钱雨, 等. 供应链双元性视角下数据驱动大规模智能定制实现机理的案例研究 [J]. 管理学报, 2018, 15 (12): 1750 - 1760.

[55] 张明超, 孙新波, 钱雨. 数据赋能驱动智能制造企业 C2M 反向定制模式创新实现机理 [J]. 管理学报, 2021, 18 (8): 1175 - 1182.

[56] 张娜, 李志兰, 牛全保. 突发公共事件情境下组织敏捷性形成机理研究 [J]. 经济管理, 2021, 43 (3): 161 - 176.

[57] 张宁, 聂嘉豪, 庞智亮, 等. 基于在线评论的客户敏捷性与产品绩效的关系 [J]. 管理科学, 2022, 35 (2): 47 - 59.

[58] 张亚军, 陈江涛, 张军伟, 等. 用户抵制与信息系统成功实施的关系研究 [J]. 管理学报, 2016, 13 (11): 1681 - 1689.

[59] 张亚军, 张金隆, 张军伟. 工作不安全感对用户抵制信息系统实施的影响 [J]. 管理科学, 2015, 28 (2): 52 - 64.

[60] 张亚军, 张金隆, 陈江涛. IT 服务管理述评及未来展望 [J]. 情报杂志, 2013, 32 (6): 95 - 99.

[61] 张亚军, 张金隆, 陈江涛. 企业内外部支持对 ITSM 成功实施的影响机制 [J]. 工业工程与管理, 2013, 18 (5): 105 - 111.

[62] 张亚军. 项目干系人对 ITSM 成功实施的影响研究 [D]. 武汉: 华中科技大学, 2015.

[63] 张延林, 肖静华, 李礼, 等. 业务成功历史、CEO 信念与先验匹配——社会维度视角下 IT 与业务匹配的中国情境案例研究 [J]. 管理科学学报, 2014, 17 (2): 1 - 18.

[64] 张媛, 孙新波, 钱雨. 传统制造企业数字化转型中的价值创造与演化——资源编排视角的纵向单案例研究 [J]. 经济管理, 2018, 44 (4): 116 - 133.

[65] 周济. 智能制造——"中国制造 2025"的主攻方向 [J]. 中国机械工程, 2015, 26 (17): 2273 - 2284.

[66] 周京梅. 解决信息技术与业务匹配的悖论: 信息技术与业务匹配如何促进组织敏捷性? [D]. 合肥: 中国科学技术大学, 2018.

[67] 周宇, 仲伟俊, 梅姝娥. 信息系统提升企业敏捷性的机制研究

[J].科学学与科学技术管理,2015,36(7):70-83.

[68]朱镇,张伟.IT能力如何提高供应链的竞争优势:整合与敏捷协调视角的研究[J].中国管理科学,2014,22(11):604-609.

[69]朱镇,赵晶.企业电子商务采纳的战略决策行为:基于社会认知理论的研究[J].南开管理评论,2011,14(3):151-160.

[70]Adamczewski P.ICT solutions in intelligent organizations as challenges in a knowledge economy[J].Management,2016,20(2):1429-9321.

[71]Ali M,Zhou L,Miller L,Ieromonachou P.User resistance in IT:A literature review[J].International Journal of Information Management,2016,36(1):35-43.

[72]Allen B R,Boynton A C.Information architecture:In search of efficient flexibility[J].MIS Quarterly,1991,15(4):435-445.

[73]Altuwaijri M M,Khorsheed M S.Innodiff:A project-based model for successful IT innovation diffusion[J].International Journal of Project Management,2012,30(1):37-47.

[74]Aragon-Correa J A,Sharma S.A contingent resource-based view of proactive corporate environmental strategy[J].Academy of Management Review,2003,28(1):71-88.

[75]Aral S,Weill P.IT assets,organizational capabilities,and firm performance:How resource allocations and organizational differences explain performance variation[J].Organization Science,2007,18(5):763-780.

[76]Armstrong C P,Sambamurthy V.Information technology assimilation in firms:The influence of senior leadership and IT infrastructures[J].Information Systems Research,1999,10(4):304-327.

[77]Ashforth B E,Humphrey R H.Emotion in the workplace:A reappraisal[J].Human Relations,1995,48(2):97-125.

[78]Bakker K D,Boonstra A,Wortmann H.Risk management affecting is/it project success through communicative action[J].Project Management Journal,2011,42(3):75-90.

[79]Bardhan I,Demirkan H,Kannan P,Kauffman R,Sougstad R.An interdisciplinary perspective on IT services management and service science[J].

Journal of Management Information Systems, 2010, 26 (4): 13 – 64.

[80] Barney J. Firm resources and sustained competitive advantage [J]. Journal of Management, 1991, 17 (1): 99 – 120.

[81] Baron R M, Kenny D A. The moderator-mediator variable distinction in social psychological research: Conceptual, strategic and statistical consideration [J]. Journal of Personality and Social Psychology, 1986, 51 (6): 1173 – 1182.

[82] Barua A, Konana A, Whinston F. An empirical investigation of net-enabled business value [J]. MIS Quarterly, 2004, 28 (4): 585 – 620.

[83] Bharadwaj A S. A resource-based perspective on information technology capability and firm performance: An empirical investigation [J]. MIS Quarterly, 2000, 24 (1): 169 – 196.

[84] Bhatt G D, Grover V. Types of information technology capabilities and their role in competitive advantage: An empirical study [J]. Journal of Management Information Systems, 2005, 22 (2): 253 – 277.

[85] Bourne L, Walker D H. Project relationship management and the Stakeholder Circle™ [J]. International Journal of Managing Projects in Business, 2008, 1 (1): 125 – 130.

[86] Bowman E H, Hurry D. Strategy through the option lens: An integrated view of resource investments and the incremental-choice process [J]. Academy of Management Review, 1993, 18 (4): 760 – 782.

[87] Burgelman R A. Fading memories: A process theory of strategic business exit in dynamic environments [J]. Administrative Science Quarterly, 1994, 39 (1): 24 – 56.

[88] Byrd T A, Turner D E. Measuring the flexibility of information technology infrastructure: Exploratory analysis of a construct [J]. Journal of Management Information Systems, 2000, 17 (1): 167 – 208.

[89] Campbell R H, Grimshaw M. User resistance to information system implementations: A dual-mode processing perspective [J]. Information System Management, 2016, 32 (4): 391 – 408.

[90] Cao Q, Gedajlovic E, Zhang H. Unpacking organizational ambidexterity: Dimensions, contingencies, and synergistic effects [J]. Organization Science,

2009, 20 (4): 781 - 796.

[91] Chakravarty A, Grewal R, Sambamurthy V. Information technology competencies, organizational agility, and firm performance: Enabling and facilitating roles [J]. Information Systems Research, 2013, 24 (4): 976 - 997.

[92] Chen J. The synergistic effects of IT-enabled resources on organizational capabilities and firm performance [J]. Information & Management, 2012, 49 (3): 142 - 150.

[93] Chen X P, Eberly M B, Chiang T J, Farh J L, Cheng B S. Affective trust in Chinese leaders: Linking paternalistic leadership to employee performance [J]. Journal of Management, 2011, 40 (3): 796 - 819.

[94] Cheng B S, Chou L F, Wu T Y, Huang M P, Farh J L. Paternalistic leadership and subordinate responses: Establishing a leadership model in Chinese organizations [J]. Asian Journal of Social Psychology, 2004, 7 (1): 89 - 117.

[95] Choudrie J, Zamani E D. Understanding individual user resistance and workarounds of enterprise social networks: The case of Service Ltd [J]. Journal of Information Technology, 2016, 31 (2): 130 - 151.

[96] Chuang M, Donegan J J, Ganon M W, Wei K. Walmart and Carrefour experiences in China: Resolving the structural paradox [J]. Cross Cultural Management, 2011, 18 (4): 443 - 463.

[97] Clark C E, Cavanaugh N C, Brown C V, Sambamurthy V. Building change-readiness capabilities in the IS organization: Insights from the Bell Atlantic experience [J]. MIS Quarterly, 1997, 21 (4): 425 - 455.

[98] Cohen J, Cohen P, West S G, Aiken L S. Applied multiple regression/correlation analysis for the behavioral sciences [M]. Mahwah, NJ: Lawrence Erlbaum Associates, 2003.

[99] Dam K V, Oreg S, Schyns B. Daily work contexts and resistance to organisational change: The role of leader-member exchange, development climate, and change process characteristics [J]. Applied Psychology, 2008, 57 (2): 313 - 334.

[100] Damanpour F. Organizational innovation: A meta-analysis of effects of determinants and moderators [J]. Academy of Management Journal, 1991, 34

（3）：555 – 590.

［101］Darnall N, Henriques I, Sadorsky P. Adopting proactive environmental strategy：The influence of stakeholders and firm size ［J］. Journal of Management Studies, 2010, 47（6）：1072 – 1094.

［102］Donaldson T, Preston L E. The stakeholder theory of the corporation：Concepts, evidence, and implications ［J］. Academy of Management Review, 1995, 20（1）：65 – 91.

［103］Dong L, Neuffld D, Higgins C. Top management support of enterprise systems implementations ［J］. Journal of Information Technology, 2009, 24（1）：55 – 80.

［104］Durcikova A, Fadel K J, Butler B S, Galletta D F. Research note-knowledge exploration and exploitation：The impacts of psychological climate and knowledge management system access ［J］. Information Systems Research, 2011, 22（4）：855 – 866.

［105］Earl M J, Feeny D F. How to be a CEO for the information age ［J］. MIT Sloan Management Review, 2000, 41（2）：11 – 23.

［106］Earl M J, Feeny D F. Is your CIO adding value ［J］. Sloan Management Review, 1994, 35（2）：11 – 20.

［107］Edwards J R, Lambert L S. Methods for integrating moderation and mediation：A general analytical framework using moderated path analysis ［J］. Psychological Methods, 2007, 12（1）：1 – 22.

［108］Eisenberger R, Cummings J, Armeli S, Lynch P. Perceived organizational support, discretionary treatment, and job satisfaction ［J］. Journal of Applied Psychology, 1997, 82（5）：812 – 820.

［109］Eisenberger R, Huntington R, Hutchison S, Sowa D. Perceived organizational support ［J］. Journal of Applied Psychology, 1986, 71（3）：500 – 507.

［110］Emam K E, Koru A G. A replicated survey of IT software project failures ［J］. IEEE Software, 2008, 25（5）：84 – 90.

［111］Farh J L, Hackett R D, Liang J. Individual-level cultural values as moderators of perceived organizational support-employee outcome relationships in

China: Comparing the effects of power distance and traditionality [J]. Academy of Management Journal, 2007, 50 (3): 715 – 729.

[112] Fiedler S. Managing resistance in an organizational transformation: A case study from a mobile operator company [J]. International Journal of Project Management, 2010, 28 (4): 370 – 383.

[113] Fink L, Neumann S. Gaining agility through IT personnel capabilities: The mediating role of IT infrastructure capabilities [J]. Journal of the Association for Information Systems, 2007, 8 (8): 440 – 462.

[114] Flynn B B, Huo B, Zhao X. The impact of supply chain integration on performance: A contingency and configuration approach [J]. Journal of Operations Management, 2010, 28 (1): 58 – 71.

[115] Gao P, Gong Y, Zhang J, Mao H, Liu S. The joint effects of IT resources and CEO support in IT assimilation: Evidence from large-sized enterprises [J]. Industrial Management & Data Systems, 2019, 119 (6): 1321 – 1338.

[116] Gao P, Zhang J, Gong Y, Li H. Effects of technical IT capabilities on organizational agility: The moderating role of IT business spanning capability [J]. Industrial Management & Data Systems, 2020, 120 (5): 941 – 961.

[117] Gligor D M, Esmark C L, Holcomb M C. Performance outcomes of supply chain agility: When should you be agile [J]. Journal of Operations Management, 2015, 33 (1): 71 – 82.

[118] Godfrey Ochieng E, Price A D. Framework for managing multicultural project teams [J]. Engineering, Construction and Architectural Management, 2009, 16 (6): 527 – 543.

[119] Goodman R. Introduction to stochastic models [M]. Monlo Park, California: Benjamin/Cummings Publishing Company, 1988.

[120] Graen G B, Uhl-Bien M. Relationship-based approach to leadership: Development of leader-member exchange (LMX) theory of leadership over 25 years: Applying a multi-level multi-domain perspective [J]. Leadership Quarterly, 1995, 6 (2): 219 – 247.

[121] Grant R M. Prospering in dynamically-competitive environments: Organizational capabilities as knowledge integration [J]. Organization Science,

1996, 7 (4): 375 – 387.

[122] Grant R M. The resource-based theory of competitive advantage: Implications for strategy formulation [J]. California Management Review, 1991, 33 (3): 114 – 135.

[123] Gregory R W, Keil M, Muntermann J, Mahring M. Paradoxes and the nature of ambidexterity in IT transformation programs [J]. Information Systems Research, 2015, 26 (1): 57 – 80.

[124] Gupta A K, Smith K G, Shalley C E. The interplay between exploration and exploitation [J]. Academy of Management Journal, 2006, 49 (4): 693 – 706.

[125] Hambrick D C, Mason P A. Upper echelons: The organization as a reflection of its top managers [J]. Academy of Management Review, 1984, 9 (2): 193 – 206.

[126] Hambrick D C. Fragmentation and the other problems CEOs have with their top management teams [J]. California Management Review, 1995, 37 (3): 110 – 127.

[127] Hambrick D C. Upper echelons theory: An update [J]. Academy of Management Review, 2007, 32 (2): 334 – 343.

[128] He A L, Wong P K. Exploration vs. exploitation: An empirical test of the ambidexterity hypothesis [J]. Organization Science, 2004, 15 (4): 481 – 494.

[129] Herrera F, Martinez L. A 2-tuple fuzzy linguistic representation model for computing with words [J]. IEEE Transactions on Fuzzy Systems, 2000, 8 (6): 746 – 752.

[130] Herrera F, Martinez L. A model based on linguistic 2-tuples for dealing with multigranularity hierarchical linguistic contexts inmultiexpert decision-making [J]. IEEE Transactions on Systems Man and Cybernetics-Part B: Cybernetics, 2001, 31 (2): 227 – 234.

[131] Hofstede G, Hofstede G J, Minkov M. Cultures and organizations: Software of the mindintercultural cooperation and its importance for survival [M]. New York: McGraw Hill, 2010.

［132］ Hornstein H A. The integration of project management and organizational change management is now a necessity ［J］. International Journal of Project Management, 2015, 33 (2): 291 –298.

［133］ Hu H, Huang T, Zeng Q, Zhang S. The role of institutional entrepreneurship in building digital ecosystem: A case study of Red Collar Group (RCG) ［J］. International Journal of Information Management, 2016, 36 (3): 496 –499.

［134］ Hu H, Wang N, Liang H. Effects of intellectual and social alignment on organizational agility: A configurational theory approach ［J］. Journal of the Association for Information Systems, 2023, 24 (2): 490 –529.

［135］ Huang S J, Wu M S, Chen L W. Criticalsuccess factors in aligning IT and business objectives: A Delphi study ［J］. Total Quality Management & Business Excellence, 2013, 24 (9 – 10): 1219 –1240.

［136］ Iden J, Langeland L. Setting the stage for a successful ITIL adoption: A Delphi study of IT experts in the Norwegian armed force ［J］. Information Systems Management, 2010, 27 (2): 103 –112.

［137］ Im G, Rai A. Knowledge sharing ambidexterity in long-term interorganizational relationships ［J］. Management Science, 2008, 54 (7): 1281 –1296.

［138］ Inman R A, Sale R S, Jr K W G, Whitten D. Agile manufacturing: Relation to JIT, operational performance and firm performance ［J］. Journal of Operations Management, 2011, 29 (4): 343 –355.

［139］ Joshi K D, Chi L, Datta A, Han S. Changing the competitive landscape: Continuous innovation through IT-enabled knowledge capabilities ［J］. Information Systems Research, 2010, 21 (3): 472 –495.

［140］ Joshi K. A model of users' perspective on change: The case of information systems technology implementation ［J］. MIS Quarterly, 1991, 15 (2): 229 –242.

［141］ Kearns G S, Lederer A L. The impact of industry contextual factors on IT focus and the use of IT for competitive advantage ［J］. Information & Management, 2004, 41 (7): 899 –919.

［142］Kearns G S, Sabherwal R. Strategic alignment between business and information technology：A knowledge-based view of behaviors, outcomes, and consequences ［J］. Journal of Management Information Systems, 2006, 23（3）：129 – 162.

［143］Kearns G S. The effect of top management support of SISP on strategic is management：Insights from the US electric power industry ［J］. Omega, 2006, 34（3）：236 – 253.

［144］Kim D H, Lee H. Effects of user experience on user resistance to change to the voice user interface of an in-vehicle infotainment system：Implications for platform and standards competition ［J］. International Journal of Information Management, 2016, 36（4）：653 – 667.

［145］Kim H J, Lee J M, Rha J Y. Understanding the role of user resistance on mobile learning usage among university students ［J］. Computers & Education, 2017, 113（10）：108 – 118.

［146］Kim H W, Kankanhalli A. Investigating user resistance to information systems implementation：A status quo bias perspective ［J］. MIS Quarterly, 2009, 33（3）：567 – 582.

［147］Kim H W. The effects of switching costs on user resistance to enterprise systems implementation ［J］. IEEE Transactions on Engineering Management, 2011, 58（3）：471 – 482.

［148］Klaus T, Blanton J E, Wingreen S C. User resistance behaviors and management strategies in IT-enabled change ［J］. Journal of Organizational & End User Computing, 2015, 27（1）：57 – 76.

［149］Klaus T, Blanton J E. User resistance determinants and the psychological contract in enterprise system implementations ［J］. European Journal of Information Systems, 2010, 19（6）：625 – 636.

［150］Kristal M, Huang X, Roth A. The effect of an ambidextrous supply chain strategy on combinative competitive capabilities and business performance ［J］. Journal of Operations Management, 2010, 28（5）：415 – 429.

［151］Laplume A O, Sonpar K, Litz R A. Stakeholder theory：Reviewing a theory that moves us ［J］. Journal of Management, 2008, 34（6）：1152 –

1189.

[152] Larsen M A, Myers M D. When success turns into failure: A package-driven business process re-engineering project in the financial services industry [J]. The Journal of Strategic Information Systems, 1999, 8 (4): 395 – 417.

[153] Laumer S, Maier C, Eckhardt A, Weitzel T. User personality and resistance to mandatory information systems in organizations: A theoretical model and empirical test of dispositional resistance to change [J]. Journal of Information Technology, 2016, 31 (1): 67 – 82.

[154] Law C C H, Ngai E W T. ERP systems adoption: An exploratory study of the organizational factors and impacts of ERP success [J]. Information & Management, 2007, 44 (4): 418 – 432.

[155] Lee G, Kuo R. KMS adoption: The effects of information quality [J]. Management Decision, 2009, 47 (10): 1633 – 1651.

[156] Lee O, Sambamurthy V, Lim K H, Wei K K. How does IT ambidexterity impact organizational agility? [J]. Information Systems Research, 2015, 26 (2): 398 – 417.

[157] Legris P, Collerette P. A roadmap for IT project implementation: Integrating stakeholders and change management issues [J]. Project Management Journal, 2006, 37 (5): 64 – 75.

[158] Li T H, Ng S T, Skitmore M. Conflict or consensus: An investigation of stakeholder concerns during the participation process of major infrastructure and construction projects in Hong Kong [J]. Habitat International, 2012, 36 (2): 333 – 342.

[159] Li Y, Sun J M. Traditional Chinese leadership and employee voice behavior: A cross-level examination [J]. Leadership Quarterly, 2015, 26 (2): 172 – 189.

[160] Li Y, Yang M H, Klein G, Chen H G. The role of team problem solving competency in information system development projects [J]. International Journal of Project Management, 2011, 29 (7): 911 – 922.

[161] Lian H, Ferris D L, Brown D J. Does power distance exacerbate or

mitigate the effects of abusive supervision? It depends on the outcome [J]. Journal of Applied Psychology, 2012, 97 (1): 107 – 123.

[162] Liang H, Saraf N, Hu Q, Xue Y. Assimilation of enterprise systems: The effect of institutional pressures and the mediating role of top management [J]. MIS Quarterly, 2007, 31 (1): 59 – 87.

[163] Liang H, Wang N, Xue Y, Ge S. Unraveling the alignment paradox: How does business-IT alignment shape organizationalagility? [J]. Information Systems Research, 2017, 28 (4): 863 – 879.

[164] Liu S, Deng Z. How environment risks moderate the effect of control on performance in information technology projects: Perspectives of project managers and user liaisons [J]. International Journal of Information Management, 2015, 35 (1): 80 – 97.

[165] Liu S, Wang L. Influence of managerial control on performance in medical information system projects: The moderating role of organizational environment and team risks [J]. International Journal of Project Management, 2016, 34 (1): 102 – 116.

[166] Liu S, Wang L. Understanding the impact of risks on performance in internal and outsourced information technology projects: The role of strategic importance [J]. International Journal of Project Management, 2014, 32 (8): 1494 – 1510.

[167] Liu S. Effects of control on the performance of information systems projects: The moderating role of complexity risk [J]. Journal of Operations Management, 2015, 36 (5): 46 – 62.

[168] Liu S. How the user liaison's understanding of development processes moderates the effects of user-related and project management risks on IT project performance [J]. Information & Management, 2016, 53 (1): 122 – 134.

[169] Lobaziewicz M. Data & information management in decision making processes in an intelligent enterprise [J]. Journal of Fundamental and Applied Sciences, 2018, 10 (4S): 586 – 591.

[170] Love P E D, Holt G D, Shen L Y, Li H, Irani Z. Using systems dynamics to better understand change and rework in construction project

management systems [J]. International Journal of Project Management, 2002, 20 (6): 425 –436.

[171] Lu Y, Ramamurthy K. Understanding the link between information technology capability and organizational agility: An empirical examination [J]. MIS Quarterly, 2011, 35 (4): 931 –954.

[172] Luftman J, Barry D. Key issues for IT executives 2012: Doing more with less [J]. MIS Quarterly Executive, 2012, 11 (4): 207 –218.

[173] Ma H, Wang K, Ying W, Dai X. Digital catch-up through resource orchestration: A case study of latecomers in intelligent manufacturing [J]. Technology Analysis & Strategic Management, 2023, 35 (4): 424 –437.

[174] Makadok R. Toward a synthesis of the resource-based and dynamic-capability views of rent creation [J]. Strategic Management Journal, 2001, 22 (5): 387 –401.

[175] Mao H, Gong Y, Titah R. Understanding the relationship between IT capabilities and operational agility: A multi-method approach [J]. Journal of Enterprise Information Management, 2023, 36 (2): 409 –436.

[176] Mao H, Liu S, Gong Y. Balancing structural IT capabilities for organizational agility in digital transformation: A resource orchestration view [J]. International Journal of Operations & Production Management, 2024, 44 (1): 315 –344.

[177] Mao H, Liu S, Zhang J, Deng Z. Information technology resource, knowledge management capability, and competitive advantage: The moderating role of resource commitment [J]. International Journal of Information Management, 2016, 36 (6): 1062 –1074.

[178] Mao H, Liu S, Zhang J, Zhang Y, Gong Y. Information technology competency and organizational agility: Roles of absorptive capacity and information intensity [J]. Information Technology & People, 2021, 34 (1): 421 –451.

[179] Mao H, Liu S, Zhang J. How the effects of IT and knowledge capability on organizational agility are contingent on environmental uncertainty and information intensity [J]. Information Development, 2015, 31 (4): 358 –382.

［180］March J G. Exploration and exploitation in organization learning ［J］. Organization Science, 1991, 2（1）: 71–87.

［181］Markus M L. Power, politics, and MIS implementation ［J］. Communications of the ACM, 1983, 26（6）: 430–444.

［182］Mata F J, Fuerst W L, Barney J B. Information technology and sustained competitive advantage: A resource-based analysis ［J］. MIS Quarterly, 1995, 19（4）: 487–505.

［183］Mayer D M, Thau S, Workman K M, Dijke M V, Cremer D D. Leader mistreatment, employee hostility, and deviant behaviors: Integrating self-uncertainty and thwarted needs perspectives on deviance ［J］. Organizational Behavior & Human Decision Processes, 2012, 117（1）: 24–40.

［184］Melville N, Kraemer K, Gurbaxani V. Review: Information technology and organizational performance: An integrative model of IT business value ［J］. MIS Quarterly, 2004, 28（2）: 283–322.

［185］Mitev N N. Empowerment, change and information technology: Socio-technical design and business process re-engineering ［J］. Personnel Review, 1996, 25（4）: 56–66.

［186］Mu E, Kirsch L J, Butler B S. The assimilation of enterprise information system: An interpretation systems perspective ［J］. Information & Management, 2015, 52（3）: 359–370.

［187］Muller D, Judd C M, Yzerbyt V Y. When moderation is mediated and mediation is moderated ［J］. Journal of Personality and Social Psychology, 2005, 89（6）: 852–863.

［188］Narayanan S, Narasimhan R, Schoenherr T. Assessing the contingent effects of collaboration on agility performance in buyer-supplier relationships ［J］. Journal of Operations Management, 2015, 33: 140–154.

［189］Nelson K M, Ghods M. Measuring technology flexibility ［J］. European Journal of Information Systems, 1998, 7（4）: 232–240.

［190］Neufeld D J, Dong L, Higgins C. Charismatic leadership and user acceptance of information technology ［J］. European Journal of Information Systems, 2007, 16（4）: 494–510.

[191] Ngai E W T, Chau D C K, Chan T L A. Information technology, operational, and management competencies for supply chain agility: Findings from case studies [J]. The Journal of Strategic Information Systems, 2011, 20 (3): 232 – 249.

[192] Nguyen N H, Skitmore M, Wong J K W. Stakeholder impact analysis of infrastructure project management in developing countries: A study of perception of project managers in state-owned engineering firms in Vietnam [J]. Construction Management and Economics, 2009, 27 (11): 1129 – 1140.

[193] Ohly S, Schmitt A. What makes us enthusiastic, angry, feeling at rest or worried? Development and validation of an affective work events taxonomy using concept mapping methodology [J]. Journal of Business & Psychology, 2015, 30 (1): 15 – 35.

[194] Oosterhout V M, Waarts E, Hillegersberg V J. Change factors requiring agility and implications for IT [J]. European Journal of Information Systems, 2006, 15 (2): 132 – 145.

[195] Oreg S. Resistance to change: Developing an individual difference measure [J]. Journal of Applied Psychology, 2003, 88 (4).

[196] Oz E. Information technology productivity: In search of a definite observation [J]. Information & Management, 2005, 42 (6): 789 – 798.

[197] Papoulis A, Pillai S U. Probability, random variables, and stochastic processes [M]. New York: McGraw-Hill, 2002.

[198] Parker S K, Collins C G. Takingstock: Integrating and differentiating multiple proactive behaviors [J]. Journal of Management, 2010, 36 (3): 633 – 662.

[199] Pellegrini E K, Scandura T A. Paternalistic leadership: A review and agenda for future research [J]. Journal of Management, 2008, 34 (3): 566 – 593.

[200] Peng J, Quan J, Zhang G, Dubinsky A J. Mediation effect of business process and supply chain management capabilities on the impact of IT on firm performance: Evidence from Chinese firms [J]. International Journal of Information Management, 2016, 36 (1): 89 – 96.

[201] Petter S, Straub D, Rai A. Specifying formative constructs in information systems research [J]. MIS Quarterly, 2007, 31 (4): 623 – 656.

[202] Phillips R, Freeman R E, Wicks A C. 2003. What stakeholder theory is not [J]. Business Ethics Quarterly, 13 (4): 479 – 502.

[203] Podsakoff P M, Organ D W. Self-Reports in organizational research: Problems and prospects [J]. Journal of Management, 1986, 12 (4): 531 – 544.

[204] Preston D S, Karahanna E. Antecedents of IS strategic alignment: A nomological network [J]. Information Systems Research, 2009, 20 (2): 159 – 179.

[205] Rai A, Brown P, Tang X. Organizational assimilation of electronic procurement innovations [J]. Journal of Management Information Systems, 2009, 26 (1): 257 – 296.

[206] Rai A, Patnayakuni R, Seth N. Firm performance impacts of digitally enabled supply chain integration capabilities [J]. MIS Quarterly, 2006, 30 (2): 225 – 246.

[207] Rai A, Tang X. Leveraging IT capabilities and competitive process capabilities for the management of interorganizational relationship portfolios [J]. Information Systems Research, 2010, 21 (3): 516 – 542.

[208] Raschke R L. Process-based view of agility: The value contribution of IT and the effects on process outcomes [J]. International Journal of Accounting Information Systems, 2010, 11 (4): 297 – 313.

[209] Ravichandran T, Lertwongsatiesn C. Effect of information systems resources and capabilities on firm performance: A resource-based perspective [J]. Journal of Management Information Systems, 2005, 21 (4): 237 – 276.

[210] Rettig C. The trouble with enterprise software [J]. Sloan Management Review, 2007, 49 (1): 21 – 27.

[211] Roberts N, Grover V. Leveraging information technology infrastructure to facilitate a firm's customer agility and competitive activity: An empirical investigation [J]. Journal of Management Information Systems, 2012, 28 (4): 231 – 269.

［212］ Roberts N, Jeyaraj A, Pullin J E. Assessing the connections among top management support, IT assimilation, and the business value of IT: A meta-analysis ［J］. Journal of the Association for Information Systems, 2023, 24 (1): 107 - 135.

［213］ Ross J W, Beath C M, Goodhue D L. Develop long-term competitiveness through IT assets ［J］. MIT Sloan Management Review, 1996, 38 (1): 31 - 42.

［214］ Sambamurthy V, Bharadwaj A, Grover V. Shaping agility through digital options: Reconceptualizing the role of information technology in contemporary firms ［J］. MIS Quarterly, 2003, 27 (2): 237 - 263.

［215］ Saraf N, Langdon S, Gosain S. IS application capabilities and relational value in interfirm partnerships ［J］. Information Systems Research, 2007, 18 (3): 320 - 339.

［216］ Schepers J J, Wetzels M M, De Ruyter J C. Leadership styles in technology acceptance: Do followers practice what leaders preach? ［J］. Managing Service Quality, 2005, 15 (6): 496 - 508.

［217］ Sedera D, Lokuge S, Grover V, Sarker S, Sarker S. Innovating with enterprise systems and digital platforms: A contingent resource-based theory view ［J］. Information & Management, 2016, 53 (3): 366 - 379.

［218］ Selander L, Henfridsson O. Cynicism as user resistance in it implementation ［J］. Information System Journal, 2012, 22 (4): 289 - 312.

［219］ Seo D B, La Paz A I. Exploring the dark side of IS in achieving organizational agility ［J］. Communications of the ACM, 2008, 51 (11): 136 - 139.

［220］ Shang S S C. Dual strategy for managing user resistance with business integration systems ［J］. Behaviour & Information Technology, 2012, 31 (9): 909 - 925.

［221］ Shao Z, Feng Y, Hu Q. Effectiveness of top management support in enterprise systems success: A contingency perspective of fit between leadership style and system life-cycle ［J］. European Journal of Information Systems, 2016, 25 (2): 131 - 153.

［222］Shao Z，Feng Y，Hu Q. Impact of top management leadership styles on ERP assimilation and the role of organizational learning ［J］. Information & Management，2017，54（7）：902 – 919.

［223］Shao Z. Interaction effect of strategic leadership behaviors and organizational culture on IS business strategic alignment and enterprise systems assimilation ［J］. International Journal of Information Management，2019，44（2）：96 – 108.

［224］Shepherd D A，Wolfe M. Moving forward from project failure：Negative emotions，affective commitment，and learning from the experience ［J］. Academy of Management Journal，2011，54（6）：1229 – 1259.

［225］Shi L，Ding X，Li M，Liu Y. Research on the capability maturity evaluation of intelligent manufacturing based on firefly algorithm，sparrow search algorithm，and BP neural network ［J］. Complexity，2021（8）：1 – 26.

［226］Shpilberg D，Bere S，Puryear R，Shah S. Avoiding the alignment trap in IT ［J］. MIT Sloan Management Review，2007，49（1）：51 – 58.

［227］Stemberger M I，Manfreda A，Kovacic A. Achieving top management support with business knowledge and role of IT/IS personnel ［J］. International Journal of Information Management，2011，31（5）：428 – 436.

［228］Swafford P M，Ghosh S，Murthy N. Achieving supply chain agility through IT integration and flexibility ［J］. International Journal of Production Economics，2008，116（2）：288 – 297.

［229］Swafford P M，Ghosh S，Murthy N. The antecedents of supply chain agility of a firm：Scale development and model testing ［J］. Journal of Operations Management，2006，24（2）：170 – 188.

［230］Tai J C F，Wang E T G.，Yeh H Y. A study of IS assets，IS ambidexterity，and IS alignment：The dynamic managerial capability perspective ［J］. Information & Management，2019，56（1）：55 – 69.

［231］Tallon P P，Pinsonneault A. Competing perspectives on the link between strategic information technology alignment and organizational agility：Insights from a mediation model ［J］. MIS Quarterly，2011，35（2）：463 – 486.

［232］ Tallon P P. Inside the adaptive enterprise: An information technology capabilities perspective on business process agility ［J］. Information Technology & Management, 2008, 9 (1): 21 – 36.

［233］ Tan W G, Cater-Steel A, Toleman M. Implementing IT service management: A case study focusing on critical success factors ［J］. Journal of Computer Information Systems, 2009, 50 (2): 1 – 12.

［234］ Tang X, Rai A. How should process capabilities be combined to leverage supplier relationships competitively? ［J］. European Journal of Operational Research, 2014, 239 (1): 119 – 129.

［235］ Teece D J, Pisano G, Shuen A. Dynamic capabilities and strategic management ［J］. Strategic Management Journal, 1997, 18 (7): 509 – 533.

［236］ Tippins M J, Sohi R S. IT competency and firm performance: Is organizational learning a missinglink? ［J］. Strategic Management Journal, 2003, 24 (8): 745 – 761.

［237］ Titah R. , Barki H. Nonlinearities between attitude and subjective norms in information technology acceptance: A negative synergy? ［J］. MIS Quarterly, 2009, 33 (4): 827 – 844.

［238］ Venkatesh V, Bala H. Technology acceptance model 3 and a research agenda on interventions ［J］. Decision Sciences, 2008, 39 (2): 273 – 315.

［239］ Vidal G G, Campdesuñer R P, Rodríguez A S, Vivar R M. Contingency theory to study leadership styles of small businesses owner-managers at Santo Domingo, Ecuador ［J］. International Journal of Engineering Business Management, 2017, 9 (2): 1 – 11.

［240］ Vrhovec S L R, Hovelja T, Vavpotič D, Krisper M. Diagnosing organizational risks in software projects: Stakeholder resistance ［J］. International Journal of Project Management, 2015, 33 (6): 1262 – 1273.

［241］ Wade M, Hulland J. Review: The resource-based view and information systems research: Review, extension, and suggestions for future research ［J］. MIS Quarterly, 2004, 28 (1): 107 – 142.

［242］ Wang E T G, Chen J H F. Effects of internal support and consultant quality on the consulting process and ERP system quality ［J］. Decision Support

Systems, 2007, 42 (2): 1029 - 1041.

[243] Wang W, Wang J, Chen C, Su S, Chu C, Chen G. A capability maturity model for intelligent manufacturing in chair industry enterprises [J]. Processes, 2022, 10 (6).

[244] Watson D, Clark L A, Tellegen A. Development and validation of brief measures of positive and negative affect: The panas scales [J]. Journal of Personality and Social Psychology, 1988, 54 (6): 1063 - 1070.

[245] Weiss H M, Cropanzano R. Affective events theory: A theoretical discussion of the structure, causes and consequences of affective experiences at work [J]. Research in Organizational Behavior, 1996, 18 (3): 1 - 74.

[246] Wernerfelt B. A resource-based view of the firm [J]. Strategic Management Journal, 1984, 5 (2): 171 - 180.

[247] Wijewardena N, Härtel C E, Samaratunge R. Using humor and boosting emotions: An affect-based study of managerial humor, employees' emotions and psychological capital [J]. Human Relations, 2017, 70 (11): 1316 - 1341.

[248] Winkler A L P, Brown J A, Finegold D L. Employees as conduits for effective stakeholder engagement: An example from B corporations [J]. Journal of Business Ethics, 2019, 160 (6): 913 - 936.

[249] Wu M S, Huang S J, Chen L W. The preparedness of critical success factors of IT service management and its effect on performance [J]. The Service Industries Journal, 2011, 31 (8): 1219 - 1235.

[250] Xu D, Huo B, Sun L. Relationships between intra-organizational resources, supply chain integration and business performance: An extended resource-based view [J]. Industrial Management & Data Systems, 2014, 114 (8): 1186 - 1206.

[251] Yan Z, Xie Y H. Authoritarian leadership and extra-role behaviors: A role-perception perspective [J]. Management & Organization Review, 2017, 13 (1): 147 - 166.

[252] Yang J, Papazoglou M P. Interoperation support for electronic business [J]. Communications of the ACM, 2000, 43 (6): 39 - 47.

［253］ Ying W, Pee L G, Jia S. Social informatics of intelligent manufacturing ecosystems: A case study of KuteSmart ［J］. International Journal of Information Management, 2018, 42 (5): 102 – 105.

［254］ Yu X, Xu S, Ashton M. Antecedents and outcomes of artificial intelligence adoption and application in the workplace: The socio-technical system theory perspective ［J］. Information Technology & People, 2023, 36 (1): 454 – 474.

［255］ Zhang A Y, Tsui A S, Wang D X. Leadership behaviors and group creativity in Chinese organizations: The role of group processes ［J］. Leadership Quarterly, 2011, 22 (5): 851 – 862.

［256］ Zhang Y, Gao P, Zhang J, Lu L. Effect of authoritarian leadership on user resistance to change: Evidence from IS project implementation in China ［J］. Industrial Management & Data Systems, 2020, 120 (10): 1813 – 1834.

［257］ Zhou J, Bi G, Liu H, Fang Y, Hua Z. Understanding employee competence, operational IS alignment, and organizational agility—An ambidexterity perspective ［J］. Information & Management, 2018, 55 (6): 695 – 708.